L'IMPOT
SUR
LE CAPITAL

SON APPLICATION — SES AVANTAGES
SES CONSÉQUENCES

LETTRES EXTRAITES
DE LA REVUE UNIVERSELLE
(1871-1872)

PAR

MENIER
Manufacturier,
Membre de la Société d'économie politique,
Conseiller général du département de Seine-et-Marne, etc.

DEUXIÈME ÉDITION

Prix : 1 franc

PARIS
LIBRAIRIE GUILLAUMIN ET Cie, ÉDITEURS
Rue Richelieu, 14
1872

L'IMPOT

SUR

LE CAPITAL

SON APPLICATION — SES AVANTAGES
SES CONSÉQUENCES

PARIS. TYPOGRAPHIE HENRI PLON

8, RUE GARANCIÈRE

L'IMPOT

SUR

LE CAPITAL

SON APPLICATION — SES AVANTAGES
SES CONSÉQUENCES

LETTRES EXTRAITES

DE LA REVUE UNIVERSELLE

(1871-1872)

PAR

MENIER

Manufacturier,
Membre de la Société d'économie politique,
Conseiller général du département de Seine-et-Marne, etc.

DEUXIÈME ÉDITION

Prix : 1 franc.

PARIS

LIBRAIRIE GUILLAUMIN ET Cie, ÉDITEURS

Rue Richelieu, 14

1872

PRÉFACE.

Je réunis aujourd'hui les diverses lettres relatives à la *Réforme de l'assiette de l'impôt* que j'ai adressées à la *Revue universelle*.

Le but principal de cette nouvelle publication est de mettre sous les yeux des lecteurs qui se sont intéressés à telle ou telle partie de mon travail, l'ensemble des considérations qui m'ont porté à me ranger parmi les défenseurs de l'*impôt sur le capital*, c'est-à-dire sur la *fortune réelle*, sur l'*actif net de chacun*.

Le mot *Capital* est pris ici dans son acception la plus large et la plus générale. Dans le langage commercial, il signifie parfois les fonds engagés dans un commerce ou dans une industrie; dans le langage économique, il s'étend à toute la richesse, à tout ce qu'on possède sans distinction de forme, valeurs mobilières ou immobilières, capital commercial, tableaux, meubles, etc.

Comme conséquence directe et comme annexe de la nouvelle assiette de l'impôt, m'est apparue la nécessité de l'*amortissement des dettes publiques*. Mon expérience de commerçant m'indique que sans amortissement des dettes, un État pas plus qu'une entreprise commerciale n'a chance de prospérer.

J'ai été amené d'autre part, en raison d'un mandat spécial, à plaider la cause de la SOLIDARITÉ NATIONALE *à propos de la question des indemnités de guerre et d'émeute*. Là encore, il m'a paru évident que l'*impôt sur le capital* peut seul permettre de remplir les obligations qui incombent à la nation tout entière.

Le gouvernement, invoquant la pénurie du Trésor, a dû repousser l'affirmation du principe de solidarité. Il a, par ce fait, prononcé la condamnation du vieux système fiscal. En effet, qui oserait soutenir qu'il est juste de laisser la charge entière des dommages matériels, résultant des guerres et des émeutes, à ceux que le hasard seul désigne entre tous comme victimes de nos discordes civiles ou internationales? — Qui oserait prétendre que la France est appauvrie jusqu'au point de renier ses obligations? — C'est insoutenable et inadmissible.

Donc, si le système fiscal actuel est impuissant, c'est qu'il est défectueux.

Dans la dernière lettre, je réunis autant qu'il est possible, au risque de me répéter, tous les arguments qui me paraissent décisifs en faveur de ma thèse, et j'aborde les moyens pratiques, à mon sens, de réaliser l'*application de l'impôt sur le capital*.

Il me reste à signaler le progrès que cette idée a fait depuis quelque temps dans l'opinion publique.

Dans les régions gouvernementales, un éclair de vérité perce de temps à autre l'atmosphère d'erreurs économiques dans laquelle nous végétons. Hier MM. Amat et Adrien Léon, aujourd'hui MM. de Carayon-Latour, Philippoteaux, le général Chanzy, et d'autres à leur suite, parmi les députés, sont les promoteurs d'une contribution sur le *Capital*, soit pour combler le déficit du budget, soit pour payer la rançon à nos rapaces ennemis.

Dans le monde financier, au mois de janvier dernier, M. le comte de Branicki se prononçait aussi pour ce système comme moyen d'arriver à la libération du territoire.

Inutile de nommer M. Émile de Girardin, qui jadis s'est en quelque sorte identifié avec l'*impôt unique* contre l'*impôt inique*, et dont les doctrines sont encore soutenues par le journal *la Liberté*.

Dans le journal des *Débats*, un des rédacteurs de la partie économique, bien qu'adversaire de l'impôt sur le capital, fait remarquer *la conscience et la prudence de la commission*, chargée d'examiner l'impôt sur les transactions, lorsqu'elle ne fait porter la taxe que sur *le capital employé à l'exercice de l'industrie* pour les banquiers et les agents de change.

Plusieurs journaux, *le Temps* en particulier, appuient les propositions de M. de Carayon-Latour.

Dans la presse départementale, lors de la brochure que je publiais en juillet 1871, l'idée de l'impôt sur le capital a rencontré à Lyon, au Havre, à Auch, à Orléans, etc., de chaleureux défenseurs.

De tous les points de la France, dans le Midi surtout, les nombreuses lettres qui m'ont été adressées prouvent que l'idée a été accueillie avec enthousiasme.

Enfin, est-il besoin de citer les applications qui en ont été faites à Florence, sous les Médicis, et celles qui existent de nos jours aux États-Unis, dans l'État de New-York, et dans le canton de Genève sous le nom de *Taxe mobilière?*

Je souhaite de faire passer dans l'opinion publique la conviction que j'ai acquise de l'équité, de la simplicité, de l'économie de l'*impôt sur le capital.*

Nul mieux que lui ne peut aider à la régénération de notre pays, à y faire renaître la prospérité en réalisant le principe de l'*égalité devant l'impôt* inscrit dans nos lois (1), mais fort mal appliqué jusqu'à ce jour.

---

(1) Il est écrit dans la déclaration des Droits de l'homme du 3 novembre 1789 : « *Une contribution commune est indispensable ; elle doit être répartie entre tous*

Imposer le travail, au lieu de le stimuler et d'encourager la production, c'est arrêter le développement de la richesse publique; en un mot, c'est un non-sens, c'est tuer la poule aux œufs d'or.

Il est temps que les problèmes économiques à résoudre dominent les questions politiques, sources de divisions perpétuelles, de troubles dans les esprits, d'arrêt dans les affaires. Il ne faut qu'un peu de patriotisme pour comprendre que les divisions des partis font le jeu des nations rivales qui rêvent l'abaissement de la France.

MENIER.

22 mars 1872.

---

les citoyens, en raison de leurs facultés. » — Et dans la Constitution promulguée le 6 novembre 1848 : « *Les citoyens doivent participer aux charges de l'État en proportion de leur fortune.* »

LA

QUESTION DES IMPOTS

LETTRE EXTRAITE

DE LA REVUE UNIVERSELLE

(NUMÉRO DU 10 DÉCEMBRE 1871)

LA

QUESTION DES IMPOTS

Noisiel-sur-Marne, 6 décembre 1871.

Monsieur le Directeur,

Oui, je me suis fait le champion de l'*impôt sur le capital*, et, qui plus est, de l'*impôt prime d'assurance*, et j'accepte volontiers l'occasion que vous m'offrez de porter, en les condensant, sous les yeux des lecteurs de la *Revue universelle* les arguments par lesquels j'ai déjà essayé de justifier mon opinion.

J'ai été amené, en juillet 1871, à traiter cette question épineuse des contributions aux charges publiques, à propos des réclamations d'indemnités pour les dommages occasionnés par la guerre.

Comme membre de diverses commissions, j'avais à porter ces réclamations des victimes devant l'Assemblée nationale. Je m'étais imposé de soutenir cette thèse, qu'en vertu du principe : « *La réparation d'un dommage est due par celui qui l'a causé* », la nation tout entière et non la fraction directement victime devait supporter les dommages de la guerre. De là, je devais logiquement arriver à cette conclusion que l'impôt doit être, dans une société bien constituée, non-seulement la représentation des dépenses nécessaires pour l'intérêt commun, mais encore la prime d'assurance contre tous les risques sociaux. La Chambre a refusé d'admettre ce principe de la solidarité nationale, et n'a accordé que des dédommagements.

A cette occasion, d'ailleurs, elle n'a été que conséquente avec ses idées monarchiques ou autoritaires. En effet, qu'est-ce qui distingue l'état monarchique de l'état démocratique ? C'est que le premier suppose une dualité composée de la nation mineure ou sujette d'un côté, et d'un gouvernement, tuteur plus ou moins sévère ou débonnaire, de l'autre.

La démocratie, au contraire, n'existe que comme unité. C'est la nation majeure et souveraine faisant elle-même ses affaires.

Quant à présent, la France ne semble pas encore bien au fait des droits, ni surtout des devoirs publics que comporte ce « *self government* ». Et l'Assemblée, bien qu'issue du suffrage universel, semble toujours se croire le gouverneur et non le serviteur de la nation, et ne se préoccupe pas assez du mandat spécial qui lui est confié. Il est vrai de dire aussi que jusqu'à présent l'on n'a jamais laissé aux Français le temps de faire l'apprentissage de la « *liberté* ». Chaque fois qu'ils sont parvenus à la conquérir, il s'est trouvé quelque prétendu sauveur pour l'escamoter.

Ceci semble m'éloigner de la question des impôts dont j'ai à vous parler. Il n'en est rien, car c'est précisément l'idée de dualité sur laquelle repose le régime autoritaire, c'est cette idée, dis-je, qui soutient le vieux système fiscal auquel je livre l'assaut. En effet, la grande préoccupation en matière d'impôts pour les autoritaires, c'est d'en dissimuler la perception le plus possible aux yeux des contribuables. Cela se conçoit pour la monarchie, qui a souvent des intérêts contraires à ceux de la nation, et veut soustraire au contrôle direct des contribuables ses prélèvements sur la fortune publique. Mais dans une république, ces motifs ne doivent pas exister. Un peuple qui fait ses affaires lui-même n'a pas besoin qu'on arrive à sa bourse par surprise, lorsqu'il s'agit de lui demander sa contribution aux dépenses générales nécessaires.

Tous nos efforts doivent tendre à faire considérer l'impôt non comme une charge vexatoire, mais bien comme une mesure utile. C'est l'équivalent des dépenses productives faites par un propriétaire pour la garantie et la mise en valeur de sa propriété.

D'ailleurs, le préjugé des partisans de l'ancien système fiscal, prétendant que la division des impôts sur une foule de produits et de services les rend moins onéreux, est totalement faux. Et loin de passer inaperçu pour le gros du public, comme ils ont la naïveté de le supposer, c'est souvent tout le contraire qui arrive ; car le vendeur ne manque jamais de rejeter la cause de l'exagération de ses prix, sur les impôts dont sa marchandise est chargée.

Les principaux prétextes par lesquels on défend la multiplicité des impôts ne sont donc que de véritables leurres.

Ce sont malheureusement des leurres qui coûtent cher aux contribuables, plus cher qu'on ne se l'imagine, car il est facile de démontrer que pour faire entrer deux milliards dans les caisses de l'État, par la voie des impôts multiples du vieux système fiscal, on occasionne à l'industrie, au commerce, à la propriété foncière et immobilière une diminution de gain incalculable, dix fois plus forte peut-être que le chiffre de la contribution.

Dans un pays à la fois agricole et industriel, le suprême besoin n'est-il pas l'extension incessante des échanges par la création de débouchés nouveaux pour ses produits? Le consommateur est le pivot de son système économique.

Tout ce qui contrarie le développement de la consommation, diminue l'intérêt de produire et occasionne le chômage des forces productives, notamment du travailleur, avec toutes les conséquences onéreuses et périlleuses qui en découlent.

Cependant les impôts multiples, non-seulement par le chiffre du droit dont ils grèvent les produits, mais encore par les nombreuses formalités tracassières et embarrassantes que nécessite leur perception, ont, au plus haut degré, ce grave inconvénient d'entraver le développement normal de la prospérité publique.

Ce seul motif devrait, ce me semble, suffire à la condamnation du système fiscal et à donner la préférence à un impôt unique.

Il est pourtant encore deux inconvénients,

secondaires à la vérité, si on les met en comparaison du motif précédent, mais néanmoins très-sérieux pour ceux qui savent compter et réfléchir. C'est la cherté de la perception des impôts actuels et l'inéquité de leur répartition.

En effet, malgré toutes les réformes des abus jadis monstrueux auxquels la perception des impôts donnait lieu, le coût de cette perception est encore aujourd'hui de 15 pour 100, tandis que l'impôt unique pourrait être facilement perçu moyennant 1 pour 100 de frais de recouvrement.

La seule économie à réaliser de ce chef suffirait à effectuer l'amortissement complet de la dette publique en cinquante ans.

Quant à l'inéquité dans la répartition, un seul exemple suffira pour la faire ressortir à tous les yeux.

Voici deux consommateurs contribuables, buvant chacun par jour une bouteille de vin, mettons deux hectolitres par an. Ils payent de ce chef en droits divers environ quarante francs. Or, le premier est un banquier jouissant d'un revenu annuel de deux cent mille francs ; l'autre est l'employé de ce même banquier, gagnant deux mille francs par an.

En analysant chaque impôt de cette façon, on s'aperçoit de la même disproportion en sens contraire à toute idée d'équité.

Quant à la profonde erreur qui consiste à chercher dans les droits de douane une protection pour le travail national, elle va bien plutôt complétement à côté du but qu'elle prétend atteindre. Tout industriel qui a conscience de son savoir-faire et qui sait apprécier intelligemment ses intérêts, conviendra avec moi que la seule protection efficace en cette matière, c'est l'absence de toute entrave. Tel est le principe qui, s'il n'est pas applicable rigoureusement pour ménager des droits acquis à l'abri du système protectioniste, n'en est pas moins l'expression de la vérité mathématique, et le but vers lequel doivent tendre les efforts de nos ministres. Tout ce que l'industriel demande à l'État, c'est de prévenir, de punir les fraudes et la mauvaise foi dans la concurrence. Le producteur ou le fabricant qui ne saurait pas soutenir la concurrence de ses voisins en faisant mieux ou aussi bien qu'eux, doit être excité à l'émulation, soutenu au besoin, et non encouragé à l'indolence. De quel droit prétendrait-il s'enrichir sans peine aux dépens des consommateurs, et quel avantage trouverait à cela la prospérité générale ?

Les impôts multiples ne sont donc justifiables à aucun point de vue. Un impôt sinon unique, du moins simplifié tel que je le comprends, répondrait aux conditions désirables d'égalité, d'économie et de libre développement de la prospérité publique, qui seules conviennent à une démocratie. Si à l'impôt sur le revenu j'ai préféré l'impôt sur le capital réel, complété par une sorte de capitation, c'est moins à cause des inconvénients que présente la perception du premier, que parce qu'il atteint le travail et contrarie ainsi l'accroissement du bien-être, et par conséquent le libre développement de la richesse publique.

Il est de l'intérêt de tous que la dîme soit prélevée sur la récolte rentrée et non sur la semence. Or, le capital réel représente la récolte rentrée, le travail n'est que la semence de la richesse générale.

L'impôt sur le capital est en apparence la même chose que l'impôt sur le revenu, puisque toute somme demandée au capital est prise sur le revenu.

Cependant il y a une distinction essentielle entre ces deux modes de perception, qui doit faire préférer, selon moi, l'impôt sur le capital.

En imposant le revenu, on atteint nécessairement, dans beaucoup de cas, des revenus à peine suffisants pour le contribuable, dont on entrave dès lors le travail productif. Or, en agissant ainsi, on contrarie évidemment le développement normal de la richesse publique.

En n'imposant que *le capital réel*, on n'atteint que des *revenus accumulés* ou *immobilisés*, c'est-à-dire formant la richesse acquise.

Au lieu de prendre sur le nécessaire, on ne prend plus que sur le superflu.

Il me semble qu'on ne tient pas assez compte de cette différence. On dirait qu'en préférant l'impôt sur le revenu, on agit plus par simple esprit d'imitation de nos voisins les Anglais, que par mûre réflexion.

L'idée de l'impôt sur le revenu a fait quelque chemin dans l'esprit de nos législateurs; et parmi les propositions faites à ce sujet, celle qu'a présentée l'honorable Casimir Périer semble avoir plus de chance d'arriver à sa réalisation. Malheureusement ce premier pas vers la réforme du vieux système fiscal ne sera encore qu'une demi-mesure, et dans les conditions où il se ferait, il ne pourrait fournir la preuve de la supériorité d'un impôt unique sur les impôts multiples, puisqu'il serait superposé à ceux-ci; il n'apparaîtra aux contribuables qu'il atteindra que comme une aggravation des charges déjà existantes, et loin d'apporter une économie dans la perception, il n'en peut qu'accroître le coût déjà si considérable.

Il en serait de même de la proposition de l'honorable député des Bouches-du-Rhône, M. Amat, qui préfère, comme moi, imposer le capital, mais ne lui demande qu'un quart par mille, ce qui ne produirait guère que 50 millions, somme insignifiante en proportion du budget.

Tout au plus un pareil essai serait-il utile pour établir avec exactitude la statistique nécessaire pour asseoir définitivement l'impôt unique.

En présence de ces timides tâtonnements, j'insiste plus que jamais sur l'opportunité de *remplacer totalement* les impôts actuels par un impôt de 1 pour 100 sur le capital réel (1).

---

(1) Par esprit de conciliation, pour être agréable à quelques-uns de mes contradicteurs, j'avais admis de graduer la taxe de 1/2, 1, 1 1/2 pour 100 sur la propriété

A première vue, un pareil impôt semble très-lourd; mais si l'on se donne la peine de calculer, on trouvera que la moyenne par tête de contribuable ressortirait à un chiffre de contribution beaucoup moins élevé que celui des impôts multiples dont il supporte actuellement la charge, soit directement, soit indirectement.

Je dis beaucoup moins élevé, parce qu'il faut tenir compte des compensations que la

---

rurale, sur la propriété urbaine et sur les valeurs mobilières. Mais, toute réflexion faite, je crois qu'on doit préférer une taxe uniforme sur tout le capital réel à une contribution inégale basée sur les revenus inégaux de chaque nature de capitaux. En effet, les uns préfèrent la terre rapportant 3 pour 100 à une valeur de Bourse ou à une propriété urbaine. C'cst affaire de sécurité. L'impôt doit-il être progressif avec les risques à courir? C'est absolument illogique.

Qu'une révolution dans l'assiette de l'impôt lèse quelques intérêts particuliers, il n'en peut être autrement. Mais se figure-t-on que les nouveaux impôts ne causent de dommages à personne? Ce serait là une grave erreur. A mon avis, l'impôt sur le capital pourra bien causer quelques variations dans la valeur de certaines propriétés; mais ces désagréments seront essentiellement temporaires, et l'équilibre ne tardera guère à se rétablir, tandis que les taxes *dites de consommation* tarissent la richesse dans sa source en nuisant au travail.

réforme que je propose offre aux contribuables.

En effet, mon projet comporte pour eux les avantages suivants :

1° Assurance par l'État de tous les risques de force majeure, incendie, grêle, épizootie, inondation, etc.;

2° Amortissement certain et rapide de la dette publique, c'est-à-dire diminution continuelle des charges du budget;

3° Garantie contre la misère par le subventionnement d'une caisse générale de prévoyance (soit, pour tous les contribuables, suppression de l'impôt indirect qu'ils payent actuellement sous forme d'aumône);

4° Suppression de tous les droits de mutation, d'enregistrement et de timbre, etc.;

5° Suppression des quatre contributions foncière, immobilière, portes et fenêtres et patentes

6° Suppression des droits de douane, octroi, etc.;

7° Diminution de toutes les dépenses par la baisse de prix qui résultera immanquablement de la liberté et du dégrèvement des transactions.

Dans ma brochure sur l'impôt simplifié, j'ai condensé mon plan dans les deux projets de loi suivants :

PREMIÈRE LOI.

« ART. 1er. *Tous les impôts, tant directs qu'indirects, actuellement existants, cesseront d'être perçus, et seront remplacés par les suivants :*

» 1° *Une contribution de* 1 *pour* 100 *sur la valeur du* CAPITAL RÉEL ;

» 2° *Un* IMPÔT PERSONNEL *de* 25 *francs au minimum par personne âgée de vingt ans et au-dessus dont le loyer est inférieur à* 250 *francs, et de* 10 *pour* 100 *du loyer d'habitation non professionnelle pour les personnes dont le loyer est de* 250 *francs et au-dessus.*

» ART. 2. *La perception de ces impôts sera faite par douzièmes mensuels, par voie de mandats tirés par le Trésor sur le contribuable, et dont le recouvrement est confié aux soins de telle institution financière qui soumissionnera ce service au taux uniforme le plus bas.*

» ART. 3. *Le payement de cette contribution aux charges publiques donne droit au contribuable :*

» *1° A une indemnisation complète dans les cas de sinistres subis par l'inondation, la grêle, la gelée, la foudre, l'épizootie, l'incendie et les explosions, ou par faits de guerre ou d'émeute ;*

» *2° A une pension temporaire en cas d'accidents occasionnant une incapacité de travail.*

» ART. 4. *Les pensions dont il est fait mention dans l'article précédent ne pourront être cumulées avec les soins donnés dans les maisons de santé et dans les maisons de refuge.*

» ART. 5. *Tous les établissements relevant actuellement de l'administration de l'Assistance publique rentreront sous la direction des conseils municipaux, sous les noms de maisons de santé et maisons de refuge des vieillards. Les soins qu'y reçoivent les infirmes seront assimilés à ceux des maisons de santé privées, puisque les malades payent avec la pension à la-*

quelle ils ont droit par l'acquittement de leurs impôts.

» ART. 6. *Le droit aux indemnités et pensions dont il est question dans les articles précédents sera soumis à l'appréciation souveraine d'un* JURY NATIONAL (1). »

DEUXIÈME LOI.

« ART. 1er. *Un prélèvement annuel de 750 millions sur le budget des recettes de l'État sera affecté à l'amortissement de la dette publique.*

» ART. 2. *Cet amortissement sera effectué par voie de rachat à des taux ne dépassant pas le pair* (2).

» ART. 3. *Les titres rachetés seront annulés dans les formes légales.*

» *Je ne crains pas de m'exposer à une fausse*

---

(1) C'est la mise en pratique de l'idée du *gouvernement de tous par tous, du pays par le pays*, dont on parle beaucoup, et qu'on n'exécute jamais. Ainsi nous arriverons à faire réellement nos affaires nous-mêmes, et en prenant qualité de *juges* les uns pour les autres, comme on l'a dit, nous élèverons le niveau moral des populations.

(2) Je pourrais proposer un mode de remboursement de titres de rente par voie de tirage, si un tel mode devait offrir plus d'avantages.

interprétation de mes intentions; — j'ai toujours eu l'habitude d'attaquer les difficultés de front, car c'est toujours les aggraver que de les éluder. — Mes intérêts personnels sont ceux de ce tiers état qui a reconquis en 1789 ses droits naturels; mais au lieu de calculer ces intérêts au point de vue étroit de l'égoïsme, je les ai toujours envisagés au point de vue large de la justice.

» J'ai toujours combattu le préjugé, greffé sur les errements du vieux système monarchique, qui classe les membres d'une même nation. — Le travail probe et intelligent est le pivot de la Société et la source de sa prospérité; le mépris qu'affectent les oisifs pour celui qui fait son devoir en travaillant, est plus qu'un crime, c'est une faute. Les menaces de communisme, de partage, que sais-je encore? qui servent de prétexte à cette tendance, ne devraient jamais donner un moment d'inquiétude, car ces idées ne tiennent pas devant le bon sens public, qui juge les hommes tels qu'ils sont et tels qu'ils seront toujours. — Mais le danger de voir les gens naïfs et ignorants pencher vers des systèmes absurdes pour en espérer une améliora-

» *tion de leur sort, doit engager la société à*
» *faire droit, dans la limite du possible et du*
» *raisonnable, à la légitime aspiration de*
» *tous au bien-être et à la dignité morale.*

» *En préconisant une réforme radicale, je*
» *n'ai pas été uniquement préoccupé du désir*
» *de voir mon pays se relever avec prompti-*
» *tude des désastres subis et reprendre sa*
» *place à la tête de la civilisation par son*
» *esprit d'initiative de tout progrès rationnel,*
» *j'ai encore voulu attirer l'attention de mes*
» *compatriotes sur notre strict devoir envers*
» *nos descendants. — Un bon père de famille*
» *s'efforce de laisser à ses enfants un héritage*
» *net de charges et d'ennuis. Ne serait-il pas*
» *temps que l'État, représentant la collectivité*
» *des pères de famille, agisse de même, au*
» *lieu de transmettre toujours aux générations*
» *suivantes le poids accumulé d'un budget*
» *écrasant? — C'est ce que j'ai cru nécessaire*
» *de rappeler, car, pour résumer ma pensée,*
» *j'ai la conviction que nos devoirs sociaux,*
» *comme nos devoirs privés, concordent abso-*
» *lument avec nos intérêts bien compris.* »

Maintenant, si l'on me demande pourquoi je m'adresse de préférence au capital pour lui demander des sacrifices, voici ma réponse :

Admettons comme hypothèse que la France n'ait aucune organisation financière.

Une rançon de guerre lui est imposée dans cette situation.

A qui la réclamera-t-on ? N'est-ce pas exclusivement à ceux qui possèdent, l'ennemi faisant tout bonnement main-basse sur les propriétés et richesses qu'il trouve ?

Et comment réparera-t-on le plus vite possible les pertes ainsi subies ? N'est-ce pas en redoublant d'activité industrielle, en poussant par tous les moyens à la production ?

Est-ce que, dans ce cas, l'intérêt des possédants ne leur prescrirait pas d'aider à ce mouvement de réparation, en faisant tous les frais nécessaires pour que l'outillage de la production et de la circulation soit mis en bon état de fonctionner ?

En effet, comment, dans cette même hypothèse de l'absence de toute organisation administrative et financière de la France, s'y prendraient les propriétaires pour mettre en valeur leurs domaines, maisons, usines, carrières, mines, etc. ? — Ils se hâteraient de se constituer en syndicats pour établir, à frais communs et au marc le franc de leur fortune, des routes, des canaux, des chemins de fer, aussi bien que l'organisation de la police et de la défense des propriétés, etc., sans songer à demander le concours financier de celui qui ne possède rien.

Nous avons un exemple d'une telle organisation dans les syndicats d'acquéreurs de parcelles des grandes propriétés loties dans les environs de Paris.

Si l'on admet que l'État soit la personnification du syndicat de tous les propriétaires, et comme tel, tenu de faire de ses deniers les frais de mise en valeur de sa propriété, a-t-il le droit plus qu'un autre de demander à ceux qu'il emploie de contribuer aux frais de son exploitation ? C'est un non-sens que l'usage me paraît avoir consacré, plutôt que la logique, car on est obligé, sous peine d'injustice, de restituer d'une manière quelconque au travail tout ce qu'on lui aura pris.

C'est donc, en définitive, sur le capital que se répercutent toutes les charges produites par les impôts indirects, et avec cette aggravation d'avoir inutilement entravé la production agricole et industrielle et les transactions commerciales, et cela dans les conditions les plus fâcheuses d'inégalité de répartition.

Eh bien, pourquoi ne pas suivre une méthode naturelle et rationnelle?

» *N'est-ce pas en définitive le capital qui* » *profitera toujours de l'augmentation de la* » *richesse publique, aussi bien que du rem-* » *boursement des dettes de l'État?*

» *D'ailleurs, ne doit-il rien faire pour se* » *réconcilier avec la masse du peuple, qui n'a* » *pas encore eu accès vers la propriété?*

» *Qui oserait reprocher au* Capital *l'appa-*

» *rente prérogative dont il jouit en vertu de » l'épargne accumulée dans le passé, s'il » accepte aussi la prérogative d'acquitter les » charges que le passé a la prétention de faire » endosser à l'avenir? — Exonéré de ce soin, » le consommateur prolétaire n'aura plus » d'autre préoccupation que d'épargner à son » tour pour acquérir le* Capital réel, *c'est-à-» dire la propriété sous une forme quelconque.*

» *C'est le moyen, n'en doutons pas, de ré-» soudre le problème de la quotité du salaire, » qui est au fond de toutes les révolutions poli-» tiques et sociales.*

» *Pourquoi l'employé de grande adminis-» tration, dont les aptitudes et les talents mé-» ritent souvent mieux que les appointements » qu'on lui accorde, se résout-il à conserver » une situation fort modeste? C'est unique-» ment parce que les grandes administrations » ont eu le bon esprit de semer pour recueillir.*

» *Elles ont eu le soin de lui donner la* sé-» curité : *en cas de maladie, par des caisses » de secours mutuels; en cas de vieillesse et » de blessure, par des caisses de retraite.*

» *Pourquoi les grands établissements in-*
» *dustriels réalisent-ils une économie sérieuse*
» *sur la main-d'œuvre et peuvent-ils ainsi lut-*
» *ter avantageusement contre les produits de*
» *l'étranger?*

» *C'est que, grâce à leur prévoyance, l'ou-*
» *vrier devient propriétaire de sa maison;*
» *ses enfants y naissent, y grandissent, et de-*
» *viennent à leur tour ouvriers. Ils n'ont nul*
» *souci de l'avenir, qui leur est garanti par*
» *les institutions dont ils sont membres na-*
» *turels.*

» *Or, pourquoi l'État, c'est-à-dire nous*
» *tous, n'imiterait-il pas ces industriels qui*
» *ont si bien su comprendre la solidarité des*
» *intérêts groupés autour d'eux?* »

Un dernier mot : J'ai souvent entendu adresser un reproche, quasi un blâme, à tous ceux qui, comme je l'ai fait, se préoccupent avant tout, en matière d'impôt, du bien-être matériel des masses.

Je ne suis pas de ceux qui se contentent de débiter de beaux préceptes de morale pour arriver à régénérer un peuple. Ignorent-ils donc que *ventre affamé n'a pas d'oreilles* ?

On pourrait même dire qu'il n'a d'oreilles que pour les mauvaises suggestions.

Car c'est la misère qui est au fond de la question sociale, dont la solution, par des moyens raisonnables de prévoyance, est imposée à la société dans l'intérêt de tous ses membres.

Ma conviction est donc que si l'on veut élever le niveau moral et intellectuel d'un peuple, il faut avant tout dégager l'esprit du travailleur de cette redoutable préoccupation du pain quotidien, et du sort qui l'attend, lui et les siens, lorsque le chômage forcé par maladie ou vieillesse viendra le lui ravir.

Or l'impôt prime d'assurance me semble le seul moyen de droit commun pour traduire en fait la solidarité sans nuire en rien à la liberté.

Veuillez agréer, etc.

MENIER.

L'AMORTISSEMENT

DES

DETTES PUBLIQUES

LETTRE EXTRAITE

DE LA REVUE UNIVERSELLE

(NUMÉRO DU 21 JANVIER 1872)

L'AMORTISSEMENT

DES

DETTES PUBLIQUES

15 janvier 1872.

Monsieur le Directeur,

Dans ma lettre relative à la question des impôts, que vous avez publiée dans votre numéro du 10 décembre dernier, vous avez remarqué la large part que mon projet de réforme fait à l'amortissement de la dette.

Les récents débats de l'Assemblée de Versailles, à propos de l'impôt sur le revenu, me font vous adresser cette deuxième lettre, dans laquelle j'essayerai de justifier devant vos lecteurs la partie de mon plan qui consiste à dégrever les budgets futurs par un remboursement, en une période peu étendue, des dettes contractées ou à contracter. C'est même là un des caractères qui distinguent spécialement mon projet de simplification de l'impôt, des théories analogues qui ont été faites à d'autres époques par divers économistes.

En somme, ma théorie sur l'amortissement n'est, comme je le disais à la fin de ma brochure sur l'impôt, que l'application rationnelle de ce vieil adage :

Qui paye ses dettes s'enrichit.

Je la formulais dans la loi suivante :

Art. 1er. *Un prélèvement annuel de 750 millions sur le budget des recettes de l'État sera affecté à l'amortissement de la dette publique.*

Art. 2. *Cet amortissement sera effectué par voie de rachat à des taux ne dépassant pas le pair.*

Art. 3. *Les titres rachetés seront annulés dans les formes légales.*

Et je ne craignais pas d'ajouter :

Je suis tellement persuadé du bon accueil que le public ferait à cette loi, que si l'usage de la ferme générale des impôts n'était pas contraire à l'idée démocratique, je consentirais à garantir le succès de la réforme que je propose.

Mais je vous fais remarquer expressément que je ne considère l'amortissement possible, sur cette échelle, que si l'on adoptait dans son ensemble mon projet de l'impôt simplifié. Le remboursement de la dette publique est le corollaire de *l'impôt sur le capital* (1).

Quant aux motifs qui me guident et quant

---

(1) Le système d'impôts que j'ai proposé consiste :
1° En un impôt sur le *capital réel* de 1 pour 100 en moyenne.
2° En une capitation de 25 francs.
3° En 10 pour 100 sur les loyers au-dessus de 250 francs.

aux arguments que j'invoque pour soutenir ma proposition, je n'ai rien à y modifier.

Voici ce que je disais :

« *N'est-il pas contre nature de léguer à nos* » *descendants les charges exorbitantes d'une* » *dette s'accumulant sans cesse, alors qu'ils* » *n'ont pas même la faculté de les accepter* » *sous bénéfice d'inventaire?*

» *Un Pays riche en ressources trouve tou-* » *jours à emprunter; mais nous voyons déjà* » *en ce moment même à quelles mesures re-* » *grettables on arrive au fur et à mesure de* » *l'accroissement des difficultés pour faire* » *face au payement des intérêts.*

» *L'amortissement n'est donc pas seule-* » *ment une opération prudente, c'est un de-* » *voir rigoureux envers nos descendants. Il* » *faut savoir, en bon père de famille, faire* » *des sacrifices personnels pour préparer l'a-* » *venir de ses enfants, car notre impré-* » *voyance les conduirait à la ruine et au* » *déshonneur d'une banqueroute.*

» Donc, « Aux grands maux les grands » remèdes. »

» Il en est temps encore, rompons franche- » ment avec les procédés ruineux. Agissons » comme le ferait un bon commerçant dont le » capital serait en partie compromis. Il fon- » drait la cloche, réaliserait l'actif, liquide- » rait le passif, et répartirait avec un actif » réel lui appartenant en propre, et dont lui » et le public pourraient évaluer la valeur » exacte, sans tromper ni lui-même ni les » autres. »

Hâtons-nous donc d'employer ce moyen de liquider rapidement notre dette publique, lourd héritage des gouvernements personnels.

C'est au CAPITAL *que nous demandons ces ressources, parce que c'est le capital qui profitera toujours de l'augmentation de la richesse publique, aussi bien que du remboursement des dettes de l'État.*

Du reste, il y a tout avantage pour le capital d'agir ainsi, car « *l'amortissement des*

» *dettes publiques dans un bref délai fera na-*
» *turellement monter le cours de la rente au*
» *moins au pair, assurant au porteur un bé-*
» *néfice moyen de 40 pour 100 sur le 3 pour*
» *100. — Et comme le cours de la rente est*
» *le remorqueur qui entraîne celui des autres*
» *valeurs, les portefeuilles qui abritent le*
» *capital mobilisé acquerront une plus-value*
» *considérable.*

» *Le remboursement de la dette remettant*
» *tous les ans 750 millions dans la circula-*
» *tion, il n'est pas douteux que la valeur de*
» *la propriété foncière, des entreprises agri-*
» *coles et industrielles où ces capitaux iront*
» *chercher un emploi, augmentera égale-*
» *ment, dégagés déjà, comme ils le sont par*
» *notre plan, presque entièrement des droits*
» *de mutation.* »

Je continue maintenant, Monsieur le Rédacteur en chef, la justification de mon opinion sur l'amortissement. Je ne pense pas que l'utilité de l'amortissement des dettes publiques puisse être sérieusement contestée.

Pour en démontrer la nécessité absolue, il suffit de se figurer un pays où les revenus publics seraient totalement absorbés par des intérêts à payer pour des emprunts successivement accumulés.

Quelle serait la situation financière et économique d'un tel pays ? — Voilà le point de vue auquel on doit se placer ; car là se trouve la limite extrême, la crise finale d'un régime dangereux qu'il faut envisager sérieusement.

Or, entre cette situation pire et la nôtre, il n'y a que la différence du plus au moins.

Pour ce pays-là comme pour tous les autres, il peut survenir un de ces événements où l'existence même de l'État se trouve en jeu. Pour se défendre, il faut de l'argent. Or le crédit de cet État étant nul, un emprunt est impossible.

C'est après avoir fait flèche de tout bois, c'est-à-dire après avoir manqué à ses engagements en ne payant plus les intérêts des emprunts, qu'il succombe, est démembré, et se trouve rayé comme État de la carte du monde.

Nous n'en sommes pas là, Dieu merci, mais déjà nous éprouvons un malaise qui se traduit par un symptôme évident, la cherté du crédit; car les conditions des emprunts deviennent d'autant plus onéreuses que les moyens de faire face aux intérêts à payer deviennent plus difficiles à trouver.

Dans cette voie, le cercle va toujours en se rétrécissant, jusqu'au jour où l'épuisement des ressources amène le discrédit d'abord et la banqueroute ensuite.

Qu'on n'aille pas voir dans ce tableau une exagération de couleurs calculée pour les besoins d'une argumentation.

L'exemple de plusieurs États réduits à emprunter sur gages et à des taux usuraires est là pour servir d'avertissement aux gouvernements assez imprévoyants pour abuser de leur crédit, en accumulant dette sur dette, sans se préoccuper du remboursement.

Et cependant, nous les voyons tous généralement recourir aux expédients propres à leur procurer des ressources immédiates, et rejeter sur leurs successeurs la liquidation finale d'une situation de plus en plus difficile.

Il est vrai que les opinions de plusieurs économistes ont fourni des arguments plus ou moins spécieux aux adversaires de l'amortissement; mais leurs critiques me semblent plutôt dirigées contre les modes vicieux adoptés pour le remboursement, que contre le principe de l'amortissement en lui-même.

Ainsi, lorsque Adam Smith, par exemple, démontre que les caisses d'amortissement établies pour diminuer les dettes ont bien plutôt aidé à les augmenter, parce que les gouvernements détournaient les fonds qui y étaient déposés chaque fois que des besoins d'argent se faisaient sentir, cela ne saurait prouver que l'extinction des dettes d'un État ne soit pas une chose nécessaire.

Et lorsque J. B. Say insiste sur ce principe que « pour un État comme pour un » particulier, il n'y a pas deux moyens de » s'affranchir de ses dettes, et que l'unique » moyen est d'y consacrer l'excédant de ses » revenus sur ses dépenses », il fait bien voir que les blâmes qu'il adresse aux *Caisses d'amortissement* ne portent que sur la forme et nullement sur le fond.

Mais depuis longtemps les budgets se soldant par un excédant de recettes sont passés à l'état de mythes. — Partout, en Europe, les gouvernements en sont réduits, en raison même de leur système d'expédients, à poursuivre en vain cet idéal qui s'appelle l'équilibre du budget, et ils ne l'atteignent qu'en comblant de temps en temps le déficit tantôt par un emprunt, tantôt par un impôt nouveau.

L'amortissement, à ce compte, serait donc toujours renvoyé aux calendes grecques.

Quant aux raisonnements par lesquels Adam Smith, Ricardo, Hamilton, J. B. Say et autres démontrent que l'amortissement effectué autrement qu'à l'aide des excédants de recettes n'est qu'un leurre et un trompe-l'œil, permettez-moi de m'y arrêter un instant. Je ne prétends pas leur donner un démenti, car en tant que « fait », j'en reconnais l'exactitude ; mais en tant qu'argument contre la nécessité de l'amortissement même par un prélèvement sur des revenus créés tout exprès, leur assertion me semble porter à faux.

Ils auraient raison si le contribuable était un être abstrait dont l'intérêt reste invariable. Celui-ci aurait peut-être plus d'avantage à servir la rente de sa dette qu'à en rembourser le capital.

Mais le contribuable est une individualité qui n'a pas le droit de sacrifier à ses convenances présentes les intérêts de ses successeurs. Toute la question de justice de l'amortissement est là.

Le remboursement de la dette incombe

à celui qui l'a contractée pour ses besoins immédiats ; tels, par exemple, les frais de la guerre actuelle.

N'est-il pas juste que chaque génération supporte autant que possible les conséquences de ses actes?

Si les pères ont l'imprudence de confier la gestion des deniers publics à un gouvernement gaspilleur qui compromet la prospérité du pays dans de folles aventures, est-ce aux fils de porter seuls tout le poids écrasant des dettes contractées pour payer cette imprudence ?

Pour répondre à cette question, on n'a qu'à se rendre compte du jugement qu'on porterait sur le père de famille qui en agirait ainsi envers ses enfants.

C'est en vain qu'on voudrait soutenir qu'il n'y a pas de comparaison entre des affaires privées et des affaires publiques. Ce qui est injuste dans un cas ne saurait être juste dans un autre.

Il existe pourtant une différence entre les deux cas; c'est que le fils peut, en renonçant à la succession, laisser comme une flétrissure sur la mémoire de son père, et qu'une génération qui succède à l'autre dans la vie d'un peuple ne peut pas, sans se tuer elle-même, renier les dettes de la génération qui l'a précédée.

Je tiens donc pour évident que l'acte de laisser s'accumuler les dettes publiques, c'est placer les générations futures entre la ruine et le déshonneur.

Ce n'est donc pas seulement au moyen d'un excédant de recettes qu'on attendrait en vain, mais c'est par des sacrifices réels qu'on doit pourvoir à l'extinction des dettes. Il ne s'agit donc pas de discuter sur la nécessité de l'amortissement, mais seulement de rechercher la meilleure manière de l'effectuer.

Les moyens mis en usage jusqu'ici ne valent certainement rien, et justifient les critiques des économistes qui en ont démontré l'inutilité et les inconvénients.

Il est clair que si l'État rembourse aujourd'hui cent millions d'anciennes dettes dont l'intérêt ne lui coûte que cinq pour cent, et que demain il emprunte cent autres millions à six pour cent, il fait une sotte et ruineuse opération.

Mais il est probable que si un État faisait fonctionner son amortissement avec une constante régularité, le taux de ses emprunts, au lieu de devenir de plus en plus onéreux, diminuerait en proportion du dégagement de ses obligations.

Or l'État est aujourd'hui débiteur d'une somme supérieure à celle qu'il recevait le jour où il a emprunté, et les emprunts s'accumulant sans cesse, l'amortissement ne fonctionnant pas, les dettes n'ont fait que s'ajouter aux dettes. Voilà l'unique cause de la cherté des émissions nouvelles, qui ira toujours en croissant, si l'on n'y porte un remède prompt et énergique.

Néanmoins les amortissements opérés par des prélèvements successifs sur les revenus du pays ne sont pas à recommander, tant que des besoins croissants nécessitent toujours de nouveaux emprunts. L'extinction de la dette ne pourrait en effet aller qu'avec une extrême lenteur, lorsqu'elle dépendrait uniquement des faibles différences d'intérêt entre les anciennes dettes et les nouvelles. Son effet même semblerait tout à fait nul, si l'on emprunte toujours plus qu'on ne rembourse.

Quant aux caisses publiques d'amortissement telles qu'on les a conçues, leur intervention ne change pas grand'chose au mode du rachat direct. En capitalisant une quantité de rentes par des remplois en rentes de même espèce, l'avantage de cette capitalisation est pour ainsi dire illusoire, car il ne roule, dans la meilleure des hypothèses, que sur de légères différences d'intérêts ou de cours de rachat. Puis les deux modes que je viens d'énoncer offrent toujours ce grand inconvénient, qu'au moindre besoin d'argent les sommes affectées à l'amortissement sont détournées de leur destination.

Et qui dit amortissement interrompu, dit perpétuité de la dette.

Aussi est-ce là ce que nous sommes depuis longtemps habitués à voir, et aucun créancier d'un État ne fait plus entrer la chance de remboursement dans ses calculs d'appréciation du crédit qu'il accorde à cet État. La première condition d'un système d'amortissement sérieux serait donc, à mon avis, son fonctionnement dans une zone neutre hors de portée de la main de l'État débiteur, afin qu'en aucune circonstance ce fonctionnement régulier ne pût être compromis. La deuxième condition serait de pouvoir capitaliser les sommes affectées à l'amortissement d'une manière plus productive que le remploi en rentes, et en même temps utile au développement de la prospérité générale.

On pourrait réaliser ces deux conditions en créant une Caisse d'amortissement libre, fonctionnant sous la direction d'un conseil d'administration formé par les représentants du créancier, c'est-à-dire du public rentier, et autorisé à opérer la capitalisation des sommes affectées à l'amortissement, en utilisant les revenus accumulés de ces sommes dans des opérations de banque active.

Malheureusement, sous le régime fiscal que nos législateurs viennent de consacrer de nouveau, contrairement à l'intérêt public, on ne saurait songer à rembourser les dettes anciennes, car dans l'obligation où l'on s'est mis de paralyser toutes les forces productives du pays pour faire face aux intérêts des dettes nouvelles, le jeu de l'amortissement ne ferait qu'aggraver une trop pénible situation.

En effet, j'ai démontré dans la brochure où j'ai développé mon projet de l'impôt simplifié, que sous le régime fiscal des impôts multiples, le tort qu'ils causent indirectement aux contribuables est dix fois plus considérable que le chiffre même des contributions.

Or, dans de pareilles conditions, il est évident qu'un gouvernement serait très-mal accueilli en venant demander, en sus des contributions strictement nécessaires aux services publics, quelques centaines de millions de plus pour rembourser les dettes contractées et à contracter.

La nécessité absolue d'amortir la dette, sous peine d'aboutir fatalement au discrédit et à la banqueroute, est donc un des plus forts arguments en faveur de la réforme des impôts que j'ai proposée. En matière de contributions aux dépenses publiques, comme en toute autre dépense, le chiffre effectif de la somme à débourser importe beaucoup moins que la question de savoir si la dépense est faite en pure perte et d'une manière onéreuse, ou si elle est productive pour celui qui la débourse.

Or, le système des impôts multiples qui frappent à tort et à travers sur tous les éléments de l'activité nationale, paralyse certainement une partie des forces vives qui produisent la richesse publique.

Les contributions que le public paye, tantôt directement, tantôt indirectement, ne sont pas données peut-être en pure perte d'une manière absolue, car les services publics auxquels elles servent sont faits dans l'intérêt des contribuables. Mais l'utilité que celui-ci en retire échappe à son attention. Le contribuable n'aperçoit donc clairement qu'une seule chose, c'est qu'il est de plus en plus chargé d'impôts, tandis que les conditions nécessaires au développement de ses affaires deviennent de moins en moins favorables.

.Comment pourrait-on songer, dans de pareilles circonstances, à lui rappeler son devoir envers ses successeurs et à lui proposer un sacrifice pour rembourser la dette publique, afin de laisser une succession dégagée de charges écrasantes? Chaque contribuable alléguera son impuissance, et montrera en se lamentant le poids des impôts qu'il a déjà peine à supporter.

Tout autrement seraient les dispositions de ce même contribuable, si les avantages, dont les impôts ne sont que le prix, devenaient directs, personnels, palpables, comme dans mon système de l'impôt simplifié.

L'État aurait alors ce caractère désirable d'une vaste société en participation pour la mise en valeur, la défense de la propriété sous toutes ses formes, et où les frais comme les bénéfices sont partagés au prorata de la mise de fonds, c'est-à-dire proportionnellement à ce que possède chaque associé.

Une dîme se paye toujours en murmurant; mais c'est avec plaisir qu'on débourse le prix d'achat de la semence et de l'engrais, car la perspective de la récolte en fait une dépense agréable.

Le jour où l'on pourrait se dire que chaque contribution aux dépenses publiques vaut à celui qui la paye une garantie réelle et directe contre la ruine et contre la misère, on serait bien près de calculer aussi les résultats avantageux du remboursement de la dette publique. — On ne reculerait pas alors devant des sacrifices temporaires qui se traduiraient tout d'abord en augmentation de crédit, et par conséquent en augmentation de la fortune publique, et finalement en un dégrèvement graduel des contribuables.

Car lorsque j'emploie le terme *sacrifices* pour qualifier l'acte qui consiste à consacrer une forte partie de ses revenus à payer ses dettes, je devrais plutôt dire *apparence de sacrifice.*

Il est, en effet, facile à faire comprendre que l'extinction des dettes publiques, dans une période de quelques années, exercerait une telle influence favorable sur le développement de la prospérité publique et de la richesse nationale, que les sommes fournies par les contribuables pour opérer cet amortissement rentreraient dans leurs bourses triplées et peut-être décuplées.

Vingt milliards d'épargne actuellement immobilisés dans les rentes, rentrant dans la circulation et commanditant le travail agricole, industriel et commercial, et agissant comme une pluie féconde sur la productivité de toutes les ressources naturelles et intellectuelles du pays, donneraient très-certainement ce résultat.

Les dépenses consacrées au remboursement des dettes pourraient donc être rangées parmi les dépenses utiles au premier chef.

Voilà pourquoi j'ai insisté dans mon projet de l'impôt simplifié sur cette question de l'amortissement rapide. Préoccupé surtout des compensations facilement appréciables à donner aux contribuables en échange de l'impôt qu'ils payent, j'ai surtout considéré les avantages qui résulteraient pour la prospérité publique de l'extinction des dettes. Je n'ai donc pas craint de charger le budget d'une forte dépense temporaire, afin d'atteindre le plus promptement possible les résultats avantageux que j'entrevoyais.

Je suis donc partisan de l'amortissement, parce que je le considère d'abord comme un strict devoir de chaque génération de contribuables envers leurs successeurs, et qu'ensuite je le considère comme une mesure essentiellement favorable à la prospérité publique. Mais il y a, malgré tout, certaines considérations dont, je le reconnais, il faut tenir compte dans la pratique.

Une partie de la dette publique d'un pays est balancée sur son bilan par un actif réel, composé des grands travaux d'utilité publique, routes, ponts, canaux, télégraphes, etc., dont la valeur plus ou moins fixe se transmet d'une génération à l'autre. Or, bien qu'en principe je serais d'avis qu'il faudrait autant que possible transmettre l'héritage national libre de toute hypothèque, j'admets cependant que le devoir strict n'y oblige pas, et qu'il dépend de l'appréciation des circonstances de déterminer si l'actif réel dont je viens de parler doit être transmis avec ou sans charges. Un particulier qui laisse à ses enfants un héritage dans lequel se trouvent des immeubles peut d'avance libérer ces immeubles de toute hypothèque, ou peut laisser subsister les hypothèques qui grèvent cette propriété. Cela dépend de la question de savoir si le capital nécessaire au dégrèvement rapporte plus que ne coûte l'intérêt de l'hypothèque. Ces mêmes considérations doivent guider les législateurs d'un pays.

Mais un manufacturier ne pourrait pas transmettre, avec son usine et son matériel, tous les frais qu'il a dû subir pour soutenir la concurrence, qui est une sorte de guerre que se font les producteurs, et dont les frais doivent être compensés par les bénéfices courants.

Il s'agit de calculer si la nation a plus d'avantage à libérer cet actif réel, composé de tous les travaux d'utilité publique, ou à continuer de payer l'intérêt de la somme qu'ils représentent.

Dans tous les cas, l'extinction de la partie de la dette qui est représentée par cet actif doit être répartie sur une suite de générations.

La méthode que je proposerais d'adopter

serait d'opérer l'amortissement total par annuités sur une échelle descendante, de manière que le remboursement de la partie des dettes non représentées par un actif réel, frais de guerre, gaspillages, etc., soit terminé dans une période de vingt à trente années, et l'autre partie, routes, ponts, canaux, etc., formant le prix d'acquisition de ce dit actif, dans une deuxième période de soixante à soixante-dix années.

Mais, je le répète, on ne pourra songer sérieusement à l'extinction des dettes qu'en abandonnant les déplorables errements du vieux système fiscal. Car pas plus les États que les particuliers ne peuvent payer ce qu'ils doivent, s'ils joignent à peine les deux bouts dans leurs budgets mal prévus en recettes comme en dépenses.

Or, le danger évident qu'il y a pour notre chère patrie de laisser s'aggraver sa situation actuelle par l'accumulation incessante de ses dettes, et l'embarras non moins évident où je vois se débattre nos législateurs actuels, ne sachant plus quels impôts inventer, me font insister plus que jamais sur la nécessité d'adopter l'*impôt simplifié*, tel que je l'ai proposé.

Qu'on se serait bien trouvé, aussitôt la guerre finie, d'établir, au prorata de ce que chacun possède, un impôt spécial qui, à ce moment-là, n'aurait donné lieu à aucune discussion, et aurait été accepté sans conteste de la part des contribuables! La nécessité en était palpable en ce temps-là. On avait d'avance accepté tous les sacrifices, pour en finir avec une guerre désastreuse. C'était peut-être moins savant, mais c'était plus pratique.

Depuis lors, la réflexion est venue : on a marchandé; les intrigues et les rivalités des partis ont compliqué les questions et divisé les esprits, et le problème reste à résoudre. En dépit de la science de nos députés économistes, toute la discussion n'est qu'un tissu de contradictions, d'impossibilités, et, faute d'avoir choisi à temps, on risque, de tous les moyens, de choisir le pire.

Que l'on taxe d'outrecuidance l'insistance

que je mets à opposer aux théories des économistes de la Chambre mes idées puisées dans l'expérience pratique des affaires, je maintiens, avec les Anglais, que l'on ne saurait condamner ce qui n'a pas été essayé. Et j'ajoute ceci : il n'y a pas deux comptabilités, et le calcul qui est bon pour l'intérêt particulier ne peut pas être mauvais pour l'intérêt collectif.

Veuillez agréer, Monsieur le Rédacteur, la nouvelle assurance de ma considération distinguée.

MENIER.

DE LA

SOLIDARITÉ NATIONALE

LETTRE EXTRAITE

DE LA REVUE UNIVERSELLE

(NUMÉRO DU 11 FÉVRIER 1872)

DE LA

SOLIDARITÉ NATIONALE

A PROPOS

DE LA QUESTION DES INDEMNITÉS DE GUERRE

ET D'ÉMEUTE

2 février 1872.

Monsieur le Directeur,

Dans ma brochure relative aux indemnités dues aux victimes de la guerre étrangère et de la guerre civile, publiée au mois de *juillet* dernier, je soutenais ainsi l'obligation de l'État, représentant la collectivité de la nation, envers les particuliers, membres de cette nation :

OBLIGATION DE L'ÉTAT ENVERS LES PARTICULIERS.

« *L'État est-il tenu d'indemniser les parti-* » *culiers? — Cette question soulève certai-* » *nement une des difficultés les plus épineuses* » *que puisse avoir à résoudre une Assemblée* » *politique; car il ne s'agit pas uniquement* » *de prononcer une réponse « en droit », il* » *s'agit de se préoccuper de la réalisation de* » *ce droit, s'il est une fois admis.*

» *Il résultera de cela, on peut le craindre,* » *des hésitations, des faux-fuyants, et fina-* » *lement des demi-mesures, qui, en toute* » *affaire, sont les pires mesures. Cela se com-* » *prend, car il est certain que l'État, sur-* » *tout quand il est* « LA FRANCE » *généreuse* » *et loyale par caractère, ne peut pas, comme* » *un insolvable, venir dire à ses enfants* » *lésés :* JE VOUS DOIS LA RÉPARATION DES MAL- » HEURS QUI VOUS ONT FRAPPÉS, MAIS JE NE SUIS » PAS EN ÉTAT DE M'ACQUITTER ENVERS VOUS.

» *Avant donc de me faire l'interprète d'une* » *réclamation qui me paraît essentiellement*

» *fondée, j'ai pesé les moyens possibles d'y*
» *satisfaire, et c'est la conviction acquise sur*
» *ce point qui me fait ouvrir la main où je*
» *crois tenir une vérité.*

» *Je n'hésite pas à affirmer que non-seule-*
» *ment la justice et l'équité, mais encore le*
» *droit strict que confèrent les conventions*
» *sociales, obligent l'État, délégué par la*
» *Société tout entière pour l'exécution de ces*
» *conventions, à réparer les pertes occasion-*
» *nées par les faits de guerre et d'émeute.*

» *Et voici comment je prouve mon asser-*
» *tion :*

» *Il est un principe qui ne fait de doute*
» *pour personne au monde, bien que trop sou-*
» *vent les hommes cherchent à en éviter les*
» *conséquences, c'est celui-ci :*

» *La réparation d'un dommage est due par*
» *celui qui l'a causé.*

» *Or, dans le cas qui nous occupe, à qui*
» *doivent remonter la responsabilité et l'obli-*
» *gation de réparer les pertes des lésés? —*

» *N'est-ce pas incontestablement à la Nation*
» *tout entière, représentée par l'État?*

» *La guerre, en effet, peu importe qu'elle* » *soit provoquée ou subie, qu'elle soit occa-* » *sionnée par l'ineptie d'un chef mal choisi,* » *ou fomentée par des brouillons, est un fait* » *qui regarde la Nation tout entière, et non* » *telle ou telle partie du Pays. Bien qu'un* » *intérêt dynastique ait dirigé les intrigues* » *qui ont abouti à la déclaration de guerre* » *du 16 juillet 1870, le Corps législatif et le* » *Sénat, mandataires légaux du peuple* » *français, n'en ont pas moins voté par accla-* » *mation cette résolution funeste.*

» *On voudrait ne pas rappeler ce fait,* » *quand l'ennemi foule encore le sol de la* » *France, mais les intérêts qui me sont con-* » *fiés ne me permettent pas de dissimuler ce* » *qui vient à l'appui de la cause de mes com-* » *mettants.*

» *Aucune partie d'un peuple ne saurait* » *donc être tenue de supporter seule les maux* » *occasionnés par un événement politique quel* » *qu'il soit. La répartition des dommages*

» *doit porter de plein droit sur tous les individus qui composent ce peuple. De même, si nous avions été vainqueurs, la Nation tout entière aurait recueilli les bénéfices de la victoire, pour les partager sous une forme quelconque entre tous les citoyens. Sans cette solidarité dans la mauvaise comme dans la bonne fortune, où serait la Société?*

» *Du reste, c'est, ce me semble, dans le vide que je m'escrime.*

» *Le droit en cette matière est d'une évidence telle, qu'une dénégation explicite serait insoutenable.*

» *Implicitement, les preuves de son admission abondent.*

» *L'État recueille les invalides de la guerre, accorde des pensions aux veuves des glorieuses victimes et se charge des orphelins, et cela n'est que strictement juste. Oserait-on prétendre que c'est à titre de charité seulement? — Pour l'honneur de mon pays, je me refuse à croire qu'il dénierait à ce point des droits aussi sacrés, et se*

» *ferait une vertu de l'accomplissement très-* » *parfait d'une obligation.*

» *L'État paye le prix des animaux et objets* » *qu'il a pris par voie de réquisition et qu'il* » *ne peut restituer.*

» *Par quelle logique boiteuse voudrait-on* » *donc prouver que, si la réparation du dom-* » *mage était due dans les cas que nous venons* » *de citer, elle ne serait pas due dans tous* » *les cas où les mêmes causes ont produit les* » *mêmes effets?*

» *La France, qui a généreusement ouvert* » *sa bourse pour donner* UN MILLIARD (*alors* » *que les milliards ressemblaient encore à des* » *mythes*) *aux émigrés, qui avaient été cepen-* » *dant bien coupables envers elle, ne refusera* » *pas aujourd'hui l'indemnité qu'attendent* » *les lésés par les faits politiques.*

» *Cette indemnité leur est si bien due, en* » *vertu du pacte tacite qui lie le corps de la* » *Nation, qu'en réalité nous avons tous payé* » *pour cela et d'avance.*

» *Je vais le démontrer en donnant la défi-*
» *nition de l'*IMPÔT.

CORRÉLATION DE CETTE OBLIGATION
AVEC L'IMPÔT.

» *Qu'est-ce en effet que l'impôt, prélevé*
» *par l'État, par les départements, par les*
» *communes?*

» *C'est une cotisation pour subvenir aux*
» *dépenses publiques, moyennant laquelle*
» *nous acquérons le droit à tous les avantages*
» *de la Société.*

» *Ce n'est, à mon point de vue de commer-*
» *çant, qu'une* PRIME D'ASSURANCE, *et la So-*
» *ciété n'est autre chose qu'une société de* GA-
» RANTIE MUTUELLE *de la liberté et de la sécu-*
» *rité de nos biens et de nos personnes contre*
» *tous les dangers qui peuvent les menacer...*

» *Les maux occasionnés par la guerre sont*
» *compris si explicitement dans cette caté-*
» *gorie de dommages résultant d'une mauvaise*
» *politique, que dans l'autorisation spéciale en*

» *vertu de laquelle fonctionnaient les Compa-*
» *gnies d'assurance (avant la modification de*
» *la loi sur l'anonymat), l'État admettait ces*
» *Compagnies à excepter de leur garantie les*
» *sinistres résultant de faits de guerre et d'é-*
» *meute. — Pourquoi? — Parce que, pour le*
» *législateur, il était évident que ces risques-*
» *là sont couverts par la responsabilité de*
» *l'État, c'est-à-dire par le Pays tout entier;*
» *que l'*IMPÔT *en représente* LA PRIME, *et qu'il*
» *eût été immoral de permettre à une Compa-*
» *gnie de prélever une prime sur un risque*
» *déjà couvert.* »

Et plus loin :

« *La base de toutes les transactions indus-*
» *trielles et commerciales, c'est la confiance*
» *dans un élément quelconque de sécurité pour*
» *l'intérêt engagé.*

» *Ferait-on une seule affaire sans la*
» *croyance à un résultat avantageux? sans*
» *avoir calculé ses risques, et pris les précau-*
» *tions possibles pour les diminuer, en s'as-*

» *surant contre ceux qui sont assurables?* — » *Évidemment non!*

» *Eh bien, si les risques politiques n'é-» taient pas couverts par l'État, tout acte de » crédit deviendrait une imprudence, car » d'un moment à l'autre une guerre ou une » émeute peut détruire tout gage sur lequel le » crédit se serait basé.*

» *La prospérité publique est intéressée à ce » qu'il ne puisse pas s'élever même l'ombre » d'un doute à cet égard, car un pareil doute » deviendrait inévitablement une entrave au » développement de l'activité nationale.*

» *Sans sécurité absolue, plus de crédit hy-» pothécaire, plus de warrants; le crédit pu-» blic s'affaisse, parce qu'il manque d'un » point d'appui. En matière de crédit, il faut » CROIRE, le mot le dit; le doute est la mort.*

» *Il est donc du devoir du Gouvernement » de prévenir ce doute, en effectuant le plus » promptement et le plus largement possible » la réparation des dommages subis.*

» *Toute hésitation et toute lésinerie seraient*

» *une faute dont les conséquences économiques* » *sont incalculables, et si la pensée d'une* » *telle faute pouvait exister chez les hommes* » *chargés des intérêts généraux de la Société,* » *je croirais avoir accompli un devoir patrio-* » *tique en m'efforçant de l'empêcher de se* » *traduire en fait.*

» *Moïse faisant jaillir l'eau d'un rocher par* » *un coup de baguette, n'a pas pu émerveiller* » *davantage le peuple hébreu que n'a émer-* » *veillé le monde le fait de la France épuisée,* » *ruinée, anéantie, à ce que l'on prétendait,* » *apportant au premier appel, en une jour-* » *née, cinq milliards au Trésor public.*

» *C'est avec une fierté bien permise vis-à-* » *vis des détracteurs jaloux de mon pays,* » *mais sans aucun étonnement, que j'ai vu* » *ce résultat obtenu; car il suffit de s'être* » *rendu compte en praticien, comme ma car-* » *rière m'y portait, des richesses immenses* » *que l'intelligence d'un peuple crée sans* » *cesse, pour savoir que l'accumulation des* » *épargnes devancera et dépassera toujours*

» *en France les moyens d'en trouver de sé-*
» *rieux emplois.*

» *Si je parle de ce fait, c'est pour faire*
» *comprendre que cette facilité de trouver à*
» *volonté n'importe quelle somme nécessaire*
» *pour faire face aux obligations de l'État,*
» *serait la première réponse que les lésés qui*
» *réclament opposeraient à un refus de faire*
» *droit à leurs réclamations, sous prétexte*
» *d'insuffisance de ressources, en regard des*
» *lourdes charges du budget.*

» *L'État ne pourrait donc invoquer sincè-*
» *rement que la difficulté très-réelle de trouver*
» *de nouveaux revenus pour payer* « L'INTÉ-
» RÊT » *de ces énormes, mais inévitables em-*
» *prunts. — Il est certain que dans la voie*
» *où le Gouvernement vient de s'engager à la*
» *recherche de ces nouveaux revenus, les dif-*
» *ficultés sont excessives, et, qui plus est, je*
» *ne crains pas de l'affirmer, en demandant*
» *pardon à l'honorable* M. POUYER-QUERTIER,
» *cette voie conduit à une véritable impasse*
» *d'où l'on aura de la peine à sortir sans que*
» *la prospérité publique y ait éprouvé une dé-*

» *faillance inquiétante, sinon quelque chose de*
» *pire.*

» *L'État agit maintenant comme un commerçant gêné qui a recours à des expédients : valeurs de circulation, ventes à vil prix, consignations de marchandises, etc. Il escompte les éventualités de l'avenir, et chacune de ces ressources trompeuses élargit le gouffre où il est attiré par une puissance irrésistible, et au fond duquel se trouvent forcément la faillite et le déshonneur.* »

Les espérances que j'exprimais alors ne se sont pas réalisées, et les craintes que m'inspiraient les tendances du Gouvernement ont été trop justifiées, hélas!

En effet, la discussion de cette question des indemnités soulevée par la proposition de l'honorable M. Claude (de la Meurthe) et ses collègues, n'a pu aboutir qu'à une loi laissant, à vrai dire, la question posée sans solution; — une de ces demi-mesures que je considère comme les pires des mesures.

L'honorable M. Grévy (Albert), dans son très-remarquable rapport, avait soutenu la thèse de l'obligation évidente de la collectivité à réparer les pertes subies par une partie des membres de la nation. — Ses arguments, appuyés d'ailleurs sur les principes consacrés en plus d'une occasion par la jurisprudence, sont entièrement conformes aux idées d'une société démocratique, reposant essentiellement sur la solidarité entre tous ses membres. — Mais les vues étroites du Gouvernement et des monarchistes de la Chambre ont bien vite fait dévier la discussion de cette ligne équitable et logique. — Le principe de la solidarité, et par conséquent de l'obligation stricte qui en résulte, a été complétement écarté, et c'est à peine si l'on a consenti à substituer le mot de dédommagement à celui de secours, terme poli pour ne pas dire aumône.

Je ne viens pas aujourd'hui reprendre

cette discussion ; je n'ai rien à changer à mes arguments. — Pour moi, l'État n'est que la collection des intérêts solidarisés de la nation, et ceux qui sont chargés de l'administrer sont de simples mandataires essentiellement responsables. — C'est une véritable société en participation, dans laquelle le citoyen n'entre pas seulement en tant qu'unité comme citoyen, mais encore au prorata de ce qu'il possède, ce qui constitue sa mise sociale.

Le décret délibéré les 3 juillet, 8 août et 6 septembre, et promulgué le 11 septembre 1871, dit : « Un dédommagement sera » accordé à tous ceux qui ont subi pendant » l'invasion des contributions de guerre, » des réquisitions, des amendes et des dom» mages matériels. » — Et plus loin : « Lors» que l'étendue des pertes aura été con» statée, une loi fixera la somme que l'état » du trésor public permettra de consacrer » à ce dédommagement. »

En langage non parlementaire, cela veut dire : Je vous dédommagerai quand j'aurai de l'argent de reste. Or, dans la situation actuelle de nos finances, les pauvres lésés qui attendent la réalisation de cette promesse un peu vague, doivent faire de tristes réflexions sur l'accomplissement des devoirs patriotiques et ses conséquences.

Et si l'on réfléchit bien aux souffrances morales des populations envahies, aux tracasseries sans nombre, aux affronts endurés, à la dignité horriblement froissée par l'ennemi qui s'est installé brutalement au foyer domestique, on doit comprendre qu'il y a toute une série de dommages que des chiffres ne peuvent pas exprimer, et pour lesquels toute compensation demeure impossible. La réparation des dommages matériels n'est donc en réalité qu'une très-faible indemnité offerte par la nation à ceux de ses enfants qui ont tant souffert pour elle.

Qu'est donc le léger sacrifice à vous imposer, à vous, populations non envahies, à qui l'on ne demande qu'un peu d'argent, en comparaison des souffrances endurées par vos compatriotes envahis, qui voient la ruine s'ajouter aux tortures morales de l'occupation ennemie !

La situation actuelle de l'administration de la ville de Paris, par rapport à cette question des indemnités, est surtout très-intéressante à examiner, car elle est plus compliquée que celle des autres villes qui ont souffert. Son double cas peut se résumer comme suit :

Paris capitale, et comme tel point de mire principal de l'ennemi étranger, lutte héroïquement pour l'honneur national, subit des souffrances cruelles et s'impose des sacrifices ruineux pour sauvegarder les intérêts de la France tout entière.

A bout de forces, non à bout de courage, vaincu par la famine, non par les armes prussiennes, il succombe, et une rançon de deux cents millions lui est extorquée par l'Attila usurier qui se venge sur la France des invasions que le premier Empire a fait subir à la Prusse.

Pour tout homme sensé et juste, il n'y a pas le moindre doute sur la question de savoir si cette rançon doit être une perte nationale, ou si elle doit rester une perte municipale.

Il est évident que la guerre étant un fait essentiellement national, toute perte résultant de ce fait doit être supportée par la nation tout entière.

Ces deux cents millions doivent donc, ainsi que toutes les rançons payées à l'ennemi, être ajoutés aux cinq milliards que la Chambre, qui a cru devoir conclure la paix, a accepté de faire payer par le pays.

En effet, ces deux cents millions ont été le prix de la non-occupation de cette portion du territoire qui se nomme Paris, tout comme les cinq milliards sont le prix de l'évacuation progressive des départements occupés.

Si Paris avait dû demander du temps pour réunir la somme affectée à sa rançon, il aurait été occupé, selon les lois de la guerre, jusqu'à l'instant du payement, et toute la France se serait immédiatement cotisée pour sauver sa capitale.

Si Paris a devancé le reste de la France, c'était pour hâter l'heure de la paix désirée par tout le monde; c'était pour permettre la réunion d'une Chambre compétente pour traiter de cette paix.

Sans l'armistice, pouvait-on traiter de la paix?

Or, le gouvernement du 4 septembre émanait de Paris en danger, la veille du jour où il prenait la résolution de soutenir pour la France tout entière le choc de l'armée qui venait d'ensevelir l'Empire à Sedan. Les départements n'avaient pas pu donner à ce gouvernement la consécration de leur vote. Il fallait qu'une Assemblée fût élue pour que les engagements pris au nom de la France fussent valables et acceptés par notre ennemi.

Sans armistice, cette Assemblée pouvait-elle être élue? — Sans la rançon de Paris, l'armistice était-il possible?

Le trésor général de la France doit par conséquent restituer à Paris cette somme, qu'à vrai dire elle n'a fait qu'avancer pour le pays. — Maintenant lui doit-il également le montant des dégâts et pertes matérielles occasionnés par la guerre civile ? — Là-dessus les avis sont partagés, et dans le *cas actuel*, je me range du côté de ceux qui soutiennent que Paris doit payer tout d'abord.

La loi du 10 vendémiaire de l'an IV, dont il a été souvent question dans les circonstances actuelles, rend les communes responsables des délits contre les personnes et les propriétés commis par des attroupements armés ou non armés.

La jurisprudence a consacré plusieurs fois cette loi comme applicable à Paris.

L'esprit évident de cette loi, n'est-ce pas de rendre responsable la ville, représentée par sa municipalité, des conséquences de faits qu'il était de son devoir de prévenir? — La seule objection qu'on oppose à cette responsabilité, c'est que pour punir justement la négligence d'un devoir, il faut au moins que le pouvoir de l'accomplir ait existé.

Une des interprétations de la loi citée plus haut convient de cette condition nécessaire. — Dans un arrêt de la Cour de cassation du 6 avril 1836, il est dit que « la loi du 10 vendémiaire de l'an IV s'applique même aux cas politiques ou d'attaque contre le gouvernement, *pourvu toutefois* que les circonstances ne soient pas telles que le pouvoir municipal soit paralysé dans son action ». — D'après cela, il est vrai que Paris, régi d'après un système d'exception qui plaçait la police et la force publique entre les mains du gouvernement et non entre celles de sa municipalité, se trouvait depuis longtemps placé dans cette situation prévue qui implique son irresponsabilité et la responsabilité directe de l'État vis-à-vis des lésés.

Mais cet argument ne saurait, à mon avis, être invoqué dans le cas actuel, car les dégâts occasionnés par la guerre civile sous la Commune sont le fait d'un conseil municipal librement élu qui s'est insurgé contre le gouvernement établi. La ville doit donc supporter les conséquences de son choix imprudent ou coupable.

La discussion de l'opinion contraire m'amènerait sur un terrain encore trop brûlant pour que je consente à m'y engager très-avant.

Jugeant avec impartialité les événements de la Commune, j'y distingue deux périodes :

Dans la première, Paris, cœur et tête de la France, quoi qu'on en dise, réclame pour elle les libertés municipales dont elle a été injustement dépossédée.—A ce propos, un conflit terrible s'élève entre cette ville, la cité démocratique par excellence, et la Chambre, qu'elle soupçonne à tort ou à raison de tendances anti-démocratiques. L'histoire impartiale jugeant avec sa raison, non avec ses passions, saura seule faire la part de culpabilité de chacun dans ce lamentable épisode de nos dissentiments publics ; je m'abstiens donc de toute appréciation, d'autant que la question de l'indemnité peut se résoudre en dehors de cela.

Dans la deuxième période, le gouvernement et la municipalité abandonnent Paris, et de nouvelles élections mettent les intérêts de la grande cité entre les mains d'individus dont l'incapacité et les passions aveugles ont conduit la ville aux désastres marqués de crime et d'aberration qui resteront comme une tache de boue et de sang sur la page de l'histoire qui racontera les faits.

Ici la responsabilité de la ville me paraît n'être pas douteuse, car elle ne saurait invoquer la circonstance qui seule peut empêcher l'application de la loi du 10 vendémiaire de l'an IV.

En effet, la ville ne saurait décliner la responsabilité de faits qu'il dépendait d'elle-même d'empêcher, sans même que le recours à la force fût nécessaire.

Les uns ont péché par faiblesse, ils ont abandonné leur poste; les autres ont commis la faute de s'abstenir lorsqu'il fallait réagir par un vote. Ce silence des abstentionistes les a rendus complices des choix détestables faits par des minorités agissantes. Les désastres qui ont été la conséquence de ces élections funestes demeurent un fait municipal. L'administration qui succède à celle de la Commune peut bien refuser d'accepter la responsabilité morale des actes de celle-ci, mais elle n'en peut pas plus refuser de supporter la responsabilité matérielle qu'elle n'a pu refuser de liquider la situation financière de la ville laissée par le préfet de l'Empire.

Elle doit donc nécessairement en subir les conséquences, et la réparation des dommages causés incombe au conseil municipal, représentant la collectivité de ses habitants.

Mais, à supposer même qu'il pût y avoir doute à cet égard, et que l'examen ultérieur de la cause pût faire juger autrement, il faudrait encore que la ville indemnisât les lésés, sauf à réclamer ensuite le remboursement de ses déboursés par l'État. Car il serait d'abord d'une iniquité injustifiable de rendre les lésés victimes d'une discussion entre deux administrations cherchant chacune de son côté à se soustraire à une responsabilité qui appartient nécessairement à l'une des deux, sinon à toutes les deux solidairement. Et ensuite, il y va pour la ville de Paris de sa prospérité industrielle et commerciale.

La sauvegarde de cet intérêt lui commanderait de payer, alors même qu'elle n'y serait pas obligée légalement. Les conséquences de son refus seraient plus désastreuses encore que celles de la dénégation de la solidarité nationale que j'ai développées plus haut.

En effet, les intérêts de la famille municipale sont plus étroitement entrelacés encore que ceux de toute une nation. Dès qu'un seul habitant se trouve atteint, toute une série s'en ressent, car ils se renversent les uns sur les autres comme des capucins de carte.

Si les dommages occasionnés par des troubles politiques étaient laissés à la charge de ceux que le hasard aura placés au nombre des victimes, la sécurité, base nécessaire du crédit et condition indispensable au libre développement des transactions, cesse d'exister.

Prenons pour exemple le cas des Magasins généraux de la Villette, dont j'ai été chargé de porter les justes réclamations devant qui de droit. Quelle est la première condition exigée pour que le warrant représentant la marchandise puisse être accepté comme gage d'un crédit ? N'est-ce pas la certitude que cette marchandise est à l'abri de la destruction et de la détérioration ? L'assurance établit cette certitude dans les circonstances normales, mais elle excepte, par des clauses formelles, des accidents dont elle s'engage à réparer les effets, ceux qui ont des causes politiques.

Si la société, représentée par l'administration nationale et par l'administration municipale, déclinait la responsabilité de ces dommages, le warrant, cet utile instrument de la circulation fictive des produits, serait désormais une non-valeur dans le mécanisme du crédit. Il en serait de même de l'hypothèque et de la lettre de gage.

Or, lorsqu'on pense que ces agents de la circulation remplissent dans l'industrie les fonctions du sang dans le corps humain, on est effrayé des perturbations profondes qui résulteraient inévitablement de cet état de choses.

Sans la facilité du warrant, les magasins généraux, docks et entrepôts, ne sauraient se maintenir, et Paris perdrait ainsi du même coup tous les avantages du transit et ceux des grands approvisionnements. Or, ces approvisionnements sont indispensables à toute grande ville, d'abord pour la mettre à l'abri de la disette des denrées et des matières nécessaires à sa subsistance et à son travail, et ensuite pour éviter les trop grandes fluctuations dans les prix.

On ne devrait pas oublier que Paris a dû à ces centres d'approvisionnement la possibilité de soutenir un siége contre l'armée allemande. — On ne devrait pas oublier que si tous les négociants se sont empressés à l'envi de combler les vides que le siége de Paris venait d'y faire, c'est que le gouvernement chargea ses agents à l'intérieur et à l'extérieur de provoquer l'envoi de nouveaux approvisionnements. Or, est-il juste de supposer que le commerce resterait victime de l'empressement qu'il a mis à répondre à cet appel ?

Les administrateurs actuels de la ville de Paris ont donné trop de preuves de leur intelligente sollicitude pour n'avoir pas déjà envisagé le danger dont la prospérité de la cité, si cruellement éprouvée déjà, se trouve menacée tant que cette question n'aura pas reçu une solution satisfaisante.

Toute hésitation sur ce point serait nuisible, car le ralentissement de l'activité productive qui frappe l'industriel dans son bénéfice et le travailleur dans son salaire, atteint du même coup la caisse municipale dans ses revenus. — Le crédit de la ville, aujourd'hui encore si solide et si brillant, ne pourrait qu'être ébranlé par cette cause. — Pour échapper à une dépense équitable et profitable à tous les points de vue, la ville se préparerait donc des pertes beaucoup plus considérables.

En déclinant une responsabilité pécuniaire de quelques millions, l'administration encourrait la responsabilité morale bien autrement grave de faits dont les conséquences désastreuses sont incalculables.

Le motif que la ville invoquerait au point de vue du devoir légal n'a qu'une valeur douteuse, comme je crois l'avoir démontré, et dans tous les cas un intérêt majeur lui prescrit de s'exécuter, sauf à réclamer contre l'État si elle croit être en droit de le rendre responsable.

Il y a d'ailleurs des précédents à invoquer. On a indemnisé les victimes des journées de mai et juin 1848.

Quant au motif qu'elle tirerait de la pénurie de ses finances et de la difficulté de créer des ressources pour faire face au service de ses dettes, voici ce que j'y réponds : — Il est de bonne administration de s'imposer un sacrifice pour éviter une ruine complète, et c'est bien ici le cas.

Mais, en outre, la créance parfaitement valable de deux cents millions que la ville a contre l'État lui permet de courir au plus pressé et de sauver sa prospérité au prix d'une indemnisation des lésés, même au risque de voir son recours contre l'État pour ces indemnités mal accueilli. — D'ailleurs, de deux choses l'une. — Ou bien la ville est mal fondée dans le recours; dans ce cas, elle doit et elle aura tout l'avantage matériel et moral qu'une exécution prompte et sans chicane ajoute à la valeur du devoir accompli.

Ou elle verra accueillir son recours contre l'État, et dans ce cas, il y aura pour les deux trésors cet avantage financier que la ville de Paris peut emprunter en ce moment à des conditions beaucoup moins onéreuses que l'État, et que celui-ci pourra s'acquitter lorsqu'il retrouvera le moment opportun pour se procurer des ressources à des taux meilleurs.

La consécration du principe de la solidarité aurait pour effet immédiat de provoquer une reprise dans l'industrie du bâtiment, en relevant la valeur de la propriété immobilière. Or, celle-ci est l'une des principales sources du revenu de la ville, qui perdrait immensément à ne point enrayer les effets d'une défaveur motivée par les dégâts non assurables résultant de la guerre civile.

Je persiste donc dans l'opinion que j'ai exprimée à plusieurs reprises dans l'intérêt de la ville, comme dans l'intérêt des lésés, dont je me suis fait le défenseur.

Il est du devoir de l'État de rembourser à la ville de Paris les deux cents millions de la rançon payée par elle aux Prussiens.

Il est du devoir de la ville de Paris, et en cas de doute sur ce point, il est de l'intérêt de la ville de Paris d'indemniser le plus promptement possible les lésés par les faits de la guerre civile.

Sous peine de décadence morale et de

ruine matérielle, il faut que le principe de la solidarité soit formellement et solennellement consacré.

Les réclamations s'élèvent à 68 millions environ; elles sont formulées par cinquante mille réclamants. Un tel nombre d'intéressés fait de cette cause non plus une question d'intérêt privé, mais une question d'intérêt général.

La plupart des citoyens ont été lésés, mais dans une proportion très-inégale; il s'agit moins d'indemniser les lésés que de répartir plus également les dommages par des compensations.

Puisse notre administration municipale, s'inspirant des principes d'équité qui doivent dominer une question de finances très-passagère, sauver d'un danger très-sérieux les intérêts permanents de la cité dont la solidarité est la sauvegarde effective et durable.

MENIER.

DE L'APPLICATION

DE

L'IMPOT SUR LE CAPITAL

LETTRE EXTRAITE

DE LA REVUE UNIVERSELLE

(NUMÉRO DU 24 MARS 1872)

DE L'APPLICATION

DE

L'IMPOT SUR LE CAPITAL

ET EXAMEN

DES NOUVEAUX PROCÉDÉS FISCAUX

12 mars 1872.

Monsieur le Directeur,

Lorsque je me suis déclaré le partisan du remplacement du système fiscal actuel par un impôt sur le *Capital*, c'est-à-dire *sur l'actif net composant la fortune réelle de chacun, sous quelque forme que ce soit*, je me suis efforcé d'aller au-devant des objections que je savais devoir rencontrer, en produisant, sous une forme succincte et appliquée à la situation actuelle, tous les arguments qui me semblent péremptoirement établir la supériorité de cet impôt sur tous les autres.

Mais plus la discussion sur le budget s'avance, plus la Chambre s'éloigne de la seule voie qui conduit au développement de la richesse nationale. Je crois donc utile d'insister plus que jamais sur le danger que courent la prospérité publique et la puissance politique de la France, par l'accumulation des fautes économiques déjà commises ou en train de se commettre.

Ma prédication d'ailleurs n'a pas été faite tout à fait dans le désert. L'idée fait de sensibles progrès; j'en ai la preuve dans les nombreuses communications qui m'ont été adressées tant par des économistes que par des négociants et des capitalistes compétents en la matière, et j'ai lieu de conclure que je suis avec eux dans un courant d'idées à qui l'avenir appartient.

Un besoin pressant de ressources semble justifier aux yeux de l'Assemblée nationale tous les impôts votés ou proposés jusqu'ici.

Malheureusement, toutes les mesures qu'elle prend, pour ainsi dire au hasard, accusent une déplorable ignorance des vrais moyens d'augmenter ces ressources sans nuire à l'intérêt général. Chaque discussion et chaque vote sur ces matières fournissent des preuves qu'aucune vue d'ensemble ne préside aux décisions que l'on prend.

Beaucoup d'économistes sont forcés d'avouer qu'on est sur une mauvaise pente et même dans le chaos. En tant que journalistes, ils sont souvent obligés de soutenir des doctrines que dans l'intimité, en conversation, ils n'hésitent pas à qualifier d'expédients malheureux.

A plus d'un adversaire officiel de l'impôt sur le capital, il est échappé d'avouer que, dans certains cas, c'est là le système le plus rationnel. Ainsi, à propos de l'impôt sur les transactions, ceux mêmes qui repoussaient d'abord, comme impraticable, l'impôt sur le capital, l'admettaient cependant, dans des articles ultérieurs, pour les banquiers, les agents de change et certaines grandes maisons de commerce.

Est-ce logique? Est-ce ainsi que doit être compris le progrès économique?

Je ne m'arrêterai pas à tous les droits qui pèsent directement sur les produits et qui, en occasionnant une diminution de consommation, frappent au cœur l'activité industrielle. Je passerai sur le timbre des factures, qui coûte autant au pauvre acheteur d'une denrée de dix francs, qu'à l'acquéreur opulent d'un objet de cent mille francs. Je pense avoir suffisamment démontré tous les désavantages du système des impôts multiples. L'impôt sur les matières premières, je l'ai déjà dit, est un anachronisme économique; c'est le système protectioniste ressuscité. Toute cette série d'expédients fera, je le crains, plus de mal au pays que la guerre elle-même.

Je me bornerai donc, pour finir cette étude, à signaler les inconvénients de l'impôt sur le revenu et de celui sur les transactions commerciales qu'on cherche à y substituer, et je ferai ressortir ensuite tous les avantages de l'impôt sur le capital.

Je suis absolument contraire à l'impôt sur le revenu, ce qui semble une contradiction aux yeux des personnes qui supposent que l'impôt sur le capital réel que je propose est tout à fait la même chose.

Eh bien, non ! la différence est immense. Il est vrai qu'à première vue, prendre annuellement au capital une contribution aux dépenses publiques, c'est la prendre sur son revenu ; mais en matière d'impôt ce n'est pas seulement la quotité de la contribution qu'il faut considérer, c'est surtout le mode de perception et sa répartition équitable et non onéreuse pour la production, source de la richesse publique.

Il est besoin d'analyser les éléments complexes qui constituent le *revenu*, pour se faire une idée bien exacte du droit que l'État pourrait avoir d'en réclamer une part à titre d'impôt.

Le *revenu* est un composé de travail manuel, d'intelligence et de louage de capitaux de toute nature, dans des proportions et des combinaisons très-diverses.

A capital égal, celui qui déploie le plus d'intelligence, qui multiplie le plus la main-d'œuvre, réalise le revenu le plus considérable. Quoi de plus juste?

D'autre part, la spéculation intelligente et hardie ne craint pas d'aventurer des capitaux sérieux dans des entreprises très-aléatoires dont les bénéfices sont parfois considérables.

En regard de ces hardis spéculateurs, il y a le capitaliste craintif qui se contente de 3 pour 100 de revenu, parce que son capital en terres jouit d'une sécurité absolue. Un autre place ses économies sur l'État, sachant bien qu'il ne risque rien, parce que si l'État va jusqu'à gaspiller et compromettre la fortune publique en guerres imprudentes ou autrement, la nation est là derrière pour payer les rentiers de l'État, dût-on ployer sous le fardeau de l'impôt, l'impôt dût-il compromettre la puissance de production.

Il ne peut y avoir d'aléa que pour celui qui spécule sur la hausse et la baisse de la rente.

Le rentier timide spécule donc sur la solidarité nationale, sans avoir à souffrir du mauvais emploi des fonds qu'il confie a l'État, tandis que le spéculateur qui subventionne, à ses risques et périls, l'initiative privée, a bien mérité du pays, qui trouve sa grandeur et sa prospérité dans ces entreprises gigantesques autant que profitables.

Or, si les premiers réalisent un revenu de *vingt mille francs* d'un capital de cent mille francs avec un aléa, et que le second réalise seulement *trois mille francs* d'un capital de même somme, en supposant que l'on demande 10 pour 100 du revenu, serait-il équitable de demander au premier, qui risque cent mille francs, *deux mille francs* d'impôt, tandis que l'autre qui ne risque rien ne payera que *trois cents francs?*

En ce cas, l'État devrait pour être juste donner une soulte de garantie à celui qui a des risques à courir. Or, cette soulte serait précisément égale à la différence qui existe entre le revenu moyen du capital réel du pays tout entier et l'impôt prélevé. Ce serait du reste impraticable. Il est donc plus simple d'imposer tout le *capital réel* à un *taux uniforme*, ce qui constituerait l'égalité devant l'impôt, de même que nous avons l'égalité civile. Cette égalité n'est possible que si l'on renonce à imposer le travail manuel, et l'intelligence qui féconde le travail, apporte des capitaux à des entreprises nationales. Ainsi les chemins de fer, les câbles sous-marins, le percement des isthmes et des montagnes, les inventions nouvelles, etc., sont des entreprises très-aléatoires, mais aussi très-utiles à la civilisation et à la gloire d'un pays.

Le travail doit être encouragé; l'imposer

dès qu'il se multiplie, ce n'est pas le moyen de le stimuler et de le récompenser.

Au lieu de l'égalité, on voit avec le système actuel toute une catégorie de producteurs et de négociants qui ont le privilége peu enviable d'être soumis à la surveillance permanente et à l'inquisition des agents du fisc. Les débitants de boissons, les distillateurs, les fabricants de sucre, de papier, d'allumettes, etc., sont *exercés* régulièrement, tel est le terme usité; et si l'on ne s'arrête pas dans la voie où l'on s'engage, l'armée des agents et le nombre des exercés allant toujours croissant, rien n'échappera au contrôle du fisc et à la gêne qui en résulte.

Or, si l'on redoute quelques inconvénients de la déclaration de la fortune imposable, que seraient-ils en comparaison de ceux que je viens de signaler?

Mais l'impôt sur le capital ne fait pas acception des personnes; il s'adresse directement à la chose, sans se préoccuper de celui qui en est le propriétaire actuel. Il n'en est pas de même de l'impôt sur le revenu, qui, s'adressant directement aux personnes, les assujettit à mille mesures vexatoires.

L'impôt sur le capital n'admet pas d'exceptions parmi les choses imposées; l'impôt sur le revenu oblige à créer des classes d'exempts, parce que le rendement n'équivaudrait pas aux frais de vérification et de perception.

L'impôt sur le revenu ne pourrait être perçu que sur les résultats de l'année écoulée. Converti par l'épargne en capital, ce revenu immobilisé devient imposable même sans déclaration annuelle du contribuable, sans enquête du fisc, en raison du mode de procéder dont il est parlé plus loin. Si les partisans de l'impôt sur le revenu voulaient bien prendre la peine de faire cette réflexion, ils verraient là une réalisation très-heureuse de ce qu'ils se proposent en principe.

Ce qui distingue l'impôt sur le revenu

de l'impôt sur le capital, c'est que le premier est prélevé sur la semence, sur l'instrument de production, et que l'autre est pris sur la récolte rentrée, sur la richesse acquise. Imposer la force productive, c'est aussi peu intelligent au point de vue de l'intérêt général, qu'il le serait de pourvoir à l'alimentation d'un pays en tuant tous les veaux et tous les agneaux.

Ceux qui croient que le système fiscal actuel ne nuit pas à la prospérité, parce qu'ils ont vu cette prospérité se développer relativement malgré toutes les entraves, ne se rendent pas compte de ceci, que les obstacles qui rendent pénible et lente la marche vers un but, n'arrêtent pas complétement celui qui, sous peine de mort, est obligé d'arriver.

Un exemple fera mieux saisir ma pensée :

En me promenant dans la campagne, il m'est arrivé parfois de m'arrêter auprès d'une fourmilière et de considérer avec attention l'activité fébrile de tout ce petit monde. Il m'arriva un jour de creuser alentour des petits fossés, de mettre sur leur parcours des bûchettes, de petits cailloux.

Les fourmis qui partaient ou qui revenaient d'une expédition lointaine semblaient s'arrêter toutes surprises sur le bord de ces petits fossés. Elles se décidaient pourtant à descendre. Arrivées auprès des bûchettes de bois, des cailloux, même hésitation; cette fois, elles tournaient des Alpes qu'elles ne pouvaient franchir. Mais en dépit de tout, elles arrivaient au but de leur voyage; c'était plus de temps perdu, plus de peines dépensées.

L'idéal du travail, de l'activité que l'on pourrait désirer pour son pays, est, certes, le mouvement incessant que l'on remarque dans une fourmilière.

Tous ces fossés, ces bûchettes, ces petits cailloux, ne sont pour moi que l'image des impôts multiples ou indirects, des taxes pseudo-protectrices sur les matières premières, du timbre sur les factures, etc.

Eh bien, en étudiant cette question d'impôt, d'industrie, d'activité commerciale, plus d'une fois le spectacle des fourmis me revient à la mémoire. Si dans la société tout le monde ne travaille pas, tout le monde au moins devrait travailler. Si chacun avait son but à atteindre, l'oisiveté pernicieuse et improductive serait bannie. Toutefois il y a dans un pays une foule d'hommes actifs qui sont comme les fourmis par l'activité, l'ardeur, la persévérance. — Pourquoi donc le fisc vient-il avec ses charges les entraver dans leur marche?

Malgré tout, on arrive au résultat, dira-t-on; — mais que de peines, de détours, de lenteurs pour atteindre le but que, sans tous ces obstacles artificiels, on devrait toucher rapidement et sans fatigue!

Il ne faut jamais frapper le travail, car les conséquences en sont pernicieuses pour l'augmentation de la richesse; d'autant plus qu'après avoir nui à la prospérité publique, c'est en fin de compte sur le capital que tout se répercute, avec mille aggravations.

Cela étant indiscutable, évident, palpable pourquoi donc ne pas se débarrasser d'un mode vicieux et hypocrite, péché originel des monarchies trafiquant des monopoles et dissimulant les recettes, et ne pas arriver directement au *capital*, c'est-à-dire *à la fortune de chacun?*

La démocratie n'a pas besoin de dissimuler les dépenses publiques par des *mandats fictifs* ou autres subterfuges.

Aussi un publiciste distingué traitant de l'*impôt sur le capital* l'a-t-il appelé avec juste raison l'*impôt républicain*.

La main-d'œuvre n'est-elle pas augmentée de tous les impôts indirects et multiples? — Qui emploie la main-d'œuvre? n'est-ce pas le capital? Si les impôts indirects élèvent la main-d'œuvre d'un franc par jour, n'est-ce pas le capital qui paye cette augmentation?

On dira que c'est sans s'en apercevoir! — Dites plutôt que beaucoup ne s'en rendent pas compte, cela est vrai; mais il en est assez qui savent compter et apprécier tout ce que leur coûte ce système de dissimulation par l'extrême division, et cela doit suffire.

Imposer les revenus, c'est diminuer dans de grandes proportions le capital futur.

Imposer le capital réel, c'est augmenter les revenus.

Ces deux assertions peuvent sembler paradoxales, mais elles ne sont que rigoureusement exactes. N'est-il pas évident que si l'impôt prend au travail productif l'excédant, quelque minime qu'il soit, destiné à l'épargne, c'est-à-dire à l'augmentation des éléments de la richesse, il empêche le capital de s'accroître, et par contre, n'est-il pas évident aussi qu'en imposant le capital, tous ceux qui possèdent un capital inactif ou improductif chercheront à le rendre fertile et l'associeront au travail qui seul peut le féconder?

A côté de l'impôt direct qui frappe aujourd'hui la propriété, celle-ci se trouve grevée des droits de mutation. On ne devient pas propriétaire réel d'un immeuble sans avoir acquitté ces droits.

Le propriétaire, loin de voir pour lui dans l'impôt sur le capital une aggravation de charges, devrait donc considérer que cette taxe annuelle est une sorte de rachat de l'hypothèque de 6 1/2 pour 100, sans compter les frais dont est déjà grevée envers l'État toute propriété foncière, et qu'il faut acquitter lorsqu'elle change de propriétaire.

Ces droits de transmission ainsi supprimés ou plutôt transformés en un droit annuel, quels avantages immenses n'en résulterait-il pas à divers points de vue ?

La grande propriété, si désirable pour développer la grande culture, se reconstituerait plus facilement dans certaines localités. Le morcellement dans d'autres serait plus rationnel, parce que les échanges pour convenance s'opéreraient sans difficulté et sans charges onéreuses; de même qu'on peut échanger du sucre contre de la farine.

Nos législateurs, obligés par les nécessités du budget à chercher des ressources immédiates, négligent trop ces considérations générales, et s'attachent aux raisons mesquines invoquées tour à tour par chaque catégorie de contribuables.

Un fait est positif, c'est que les dépenses publiques doivent être payées, et si elles sont utilement et productivement faites, la nation est intéressée à ce qu'elles soient faites largement. Si chaque contribuable se rebiffe et cherche à faire peser sur son voisin la contribution nécessaire, il fait moins encore une injustice qu'une sottise; car, en somme, ce qu'il évite de payer directement, il le paye indirectement double et triple. En effet, dans les transactions générales, chacun se reprend sur son client plutôt deux fois qu'une. L'épicier qui paye trois centimes d'impôt sur une boîte d'allumettes, la vend souvent cinq centimes plus cher, et trouve ainsi de quoi se consoler d'un impôt qui diminue sa vente. Multipliez ces exemples par tous les cas semblables, et vous verrez que le contribuable récalcitrant tombe de la poêle à frire dans le feu.

En fin de compte, le consommateur paye tout, sous une forme ou sous une autre. C'est donc au point de vue large de l'intérêt général qu'il faut se placer lorsqu'il s'agit de donner une bonne organisation économique à un pays. Si l'on avait écouté les cochers de diligence, les maîtres de poste et les hôteliers des étapes, on n'aurait jamais fait de chemins de fer; les fabricants de chandelle ont invoqué sans doute d'excellentes raisons particulières contre le gaz. On n'en a tenu compte, et l'on a bien fait.

En matière d'impôts, il s'agit donc moins de considérer l'intérêt direct de chaque contribuable que son intérêt indirect, qui résulte de la prospérité générale.

Le développement incessant de l'activité nationale par l'exploitation de toutes les ressources du pays, voilà la condition nécessaire à l'accroissement de la richesse publique.

Les qualités qu'on doit donc exiger d'un impôt, ce sont avant tout : qu'il ne gêne en aucune façon la production, les transactions; que la perception en soit facile et peu côûteuse; qu'il soit sinon absolument proportionnel, du moins aussi équitablement réparti que possible.

Le vieux système fiscal, ami des monopoles et des priviléges, qu'on aggrave encore en ce moment, ne possède aucune de ces qualités. Il entrave de mille manières le travail et les transactions; la perception nécessite un mécanisme administratif compliqué, et il coûte en moyenne 15 p. 100; sa répartition est faite au rebours de toute équité, puisqu'il pèse dix fois plus lourdement sur le travail que sur la richesse acquise. Ceci n'a plus besoin d'être démontré.

Reste donc l'impôt sur le revenu, qui semblerait répondre à première vue aux conditions énumérées; mais il a de grands inconvénients.

En voici quelques-uns :

La perception de cet impôt nécessite des mesures vexatoires et quasi-inquisitoriales tout à fait incompatibles avec le caractère français, et qui porteraient atteinte à la morale publique, en faisant naître des fraudes et des abus non-seulement dans un sens frustratoire pour le budget public, mais aussi dans un sens dangereux tantôt pour le crédit des particuliers et tantôt pour leur fortune.

D'un autre côté, s'il frappe sur les revenus à peine suffisants, il contrarie la formation de l'épargne et la libre expansion du travail, ou s'il exempte les revenus au-dessous d'un certain chiffre, il oblige à créer officiellement toute une catégorie de besoigneux, ce qui est blessant pour le caractère national, où le sentiment de l'égalité tient et doit tenir une large place, pour la bonne harmonie sociale.

Quant à cet impôt sur les transactions que l'on cherche à lui substituer, il offre d'abord tous les inconvénients ci-dessus pour le consommateur, non-seulement une fois, mais multipliés par toutes les mains où passe le produit; et comme je l'ai dit ailleurs, le pivot du système économique, « c'est le consommateur », car la diminution de la consommation diminue l'intérêt de produire et occasionne le chômage des travailleurs avec toutes ses conséquences onéreuses et pleines de péril.

En outre, il frapperait les contribuables directs d'une manière injuste et avec une inégalité choquante; ce qui semble avoir totalement échappé à ses défenseurs. Dans des articles pleins d'éloges pour le rapport de l'honorable M. Deseilligny sur ce nouvel expédient, on demande si la taxe de un ou deux par mille sur le chiffre des transactions vaut la peine pour les commerçants de jeter les hauts cris.

En matière d'impôts, il s'agit de préciser, et c'est ce qu'on fait le moins en général.

Mettons en parallèle le négociant en détail, qui gagne 20 p. 100, et le négociant en gros, qui n'a qu'un 1/2 p. 100 de bénéfice.

Dans le premier cas, l'impôt de 1 p. 1000 est un prélèvement de 1 franc sur 200 francs de bénéfices, soit un deux centième; dans le deuxième cas, c'est un prélèvement de 1 franc sur 5 francs, soit un cinquième. La proportionnalité de 1/200 à 1/5 me paraît difficile à justifier, et je comprends très-bien que le négociant en gros crie à l'injustice.

En présence de tout cela, plus j'examine les propositions des impôts discutés jusqu'ici à la Chambre, plus je persiste à soutenir qu'il n'y a que l'impôt sur le *capital réel* qui réponde exactement au véritable intérêt de tout le monde, et qui réunisse toutes les qualités que je viens d'énumérer plus haut.

Lui seul réalise cette condition d'égalité

qui oblige chacun à payer au prorata de sa fortune.

La proposition de M. Amat, député des Bouches-du-Rhône, est entre toutes la seule qui me paraisse correspondre aux exigences de la situation. Elle a pour elle l'équité et la vérité; elle était malheureusement un peu trop timide. Le quantum de 1/4 pour 1000 qu'il proposait était si peu élevé, que les conservateurs du régime fiscal actuel n'ont pas eu de peine à démontrer que les frais absorberaient la recette.

C'est à cette timidité que M. Amat a dû son échec. Il eût pu se défendre encore en démontrant l'utilité de la statistique de la richesse, que ce faible impôt permettait d'établir, statistique qu'il serait si important de connaître en France. Il est regrettable qu'il n'ait pas insisté (1).

---

(1) Un pour mille sur 160 à 200 milliards que peut représenter le capital réel ou la richesse publique de la France sous toutes ses formes, permettrait d'obtenir d'une manière plus équitable les 160 à 200 millions que l'on voudrait demander soit à l'impôt sur les matières premières, soit à l'impôt sur les transactions.

Dans une lettre à M. Pascal Duprat, du 27 décembre 1871, j'écrivais, à propos de la proposition de M. Teisserenc de Bort, qui présentait les quatre contributions directes comme « le cadre complet et élastique qui » comprend une série d'impôts spéciaux sur » tous les fonds productifs », que *la solution du problème de la simplification se réduirait à trouver la formule qui fondrait d'une manière équitable, en une* TAXE UNIQUE, *les résultats obtenus par les* QUATRE ÉLÉMENTS *actuels de* L'IMPÔT DIRECT.

Cette formule, je ne crains pas de le dire, c'est *l'impôt sur le capital*. (Voir aux Notes le texte de la lettre).

J'en reviens toujours à cet argument qui est mon point de départ. Si nous étions dans un pays neuf, sans organisation financière, les propriétaires, à un titre quelconque, ne se syndiqueraient-ils pas pour mettre leurs biens en valeur par des contributions volontaires au prorata de l'avoir de chacun d'eux? Ne feraient-ils pas à frais communs les frais de défense, armée et justice, la police, les routes, les canaux, et tout ce qui est d'intérêt public ?

Dans de tels pays, les guerres seraient rares; les fonds publics ne seraient point gaspillés, car chacun apprécierait tout ce qu'il lui en coûte.

Il est bien entendu que lorsque je parle de l'impôt sur le *capital réel*, c'est-à-dire *sur la fortune*, l'*actif net de chacun*, il ne s'agit pas de *l'adjoindre* aux impôts actuels, il s'agit de *le substituer* à tous les impôts; car sa supériorité existe, à mes yeux, surtout dans les innombrables compensations avantageuses qui résultent de cette substitution. Cette révolution peut se faire progressivement, en plusieurs années, pourvu que les taxes les plus onéreuses disparaissent au fur et à mesure.

L'impôt sur le *capital réel* restitue au travail productif l'entière liberté qui lui est indispensable; il est facile et peu coûteux à percevoir ; il peut être réparti, sinon avec une équité parfaite au point de vue individuel de chaque contribuable, du moins avec une justice qui est indirectement favorable aux intérêts de ce contribuable. Voilà ce que je veux démontrer en partant de ce principe incontesté : que le travail probe et intelligent est le moteur de toute prospérité, le seul créateur de la richesse. Au nom de la morale et de l'intérêt bien entendu, il convient de l'encourager et non de l'entraver.

En ôtant toutes les entraves fiscales qui empêchent le travail productif de donner le maximum de ses forces, il n'est pas douteux que toutes les fortunes particulières s'en trouveront bien, car l'épargne est le résultat tantôt d'une augmentation de recettes et tantôt d'une diminution de dépenses.

Le système fiscal actuel coûte aux contribuables dix fois et peut-être cent fois plus que son rendement effectif; cela n'est pas douteux pour celui qui sait se rendre compte de l'enchevêtrement de tous les intérêts et qui sait à quoi tient souvent l'augmentation ou la diminution de la consommation, et par conséquent de la production et de l'épargne. L'impôt sur le capital réel, en restituant au travail son entière liberté, verrait donc s'accroître dans de vastes proportions la richesse générale, base de la stabilité; il satisfait donc à la première condition.

Répond-il à la seconde? Sa perception serait-elle facile et peu coûteuse? — Sans aucun doute, car elle se prête à une simplification extrême et n'offre aucun des inconvénients vexatoires des autres impôts. Du reste, les commissions désignées ci-dessous permettraient de licencier la plus grande partie du personnel actuel.

Le capital réel se compose de valeurs mobilières et immobilières. — Les dernières et une partie des premières sont ostensibles, et leurs propriétaires n'ont ni motif ni désir de les dissimuler. — Il n'y a donc aucune déclaration à leur demander.

Des Commissions cantonales seraient chargées d'établir la taxe des propriétés immobilières et des valeurs mobilières visibles.

Ces Commissions seraient choisies parmi les personnes les plus considérables de chaque localité, assistées par le notaire du canton. Elles évalueraient le chiffre à imposer soit d'après des documents, soit d'après une estimation faite d'office.

Le gouvernement ne fait-il pas chaque jour procéder d'une manière analogue pour la perception des droits sur l'actif des successions? Pourquoi ce qui se fait si bien après la mort des personnes ne se réaliserait-il pas de leur vivant?

Les réclamations des contribuables contre une taxe trop élevée selon eux, seraient discutées devant les commissions départementales, jugeant en dernier ressort.

Restent donc les capitaux de portefeuille : titres de rente, actions et obligations. — C'est là certainement la partie du capital que chacun cherche le plus à dissimuler, et s'il fallait constater l'existence de ce capital chez chaque contribuable, on retomberait dans les mesures vexatoires qui rendent l'impôt sur le revenu si odieux aux yeux des gens qui ne tiennent nullement à faire connaître combien de moutures ils tirent d'un sac.

Mais l'impôt sur le capital évite complétement cet écueil; le percepteur n'a pas même besoin de savoir où se trouve cette partie de la richesse acquise. Il lèverait l'impôt à sa source, c'est-à-dire sur les capitaux mêmes dont ces titres sont la représentation. — C'est l'administration ou la compagnie qui émet le signe mobile de ces capitaux, qui paye en bloc pour tous les possesseurs quels qu'ils soient.

Ce serait au banquier chargé de solder les intérêts ou les dividendes des titres étrangers, à payer pour ceux qui possèdent de pareils titres.

Nul titre ne pourrait être négocié en France s'il ne portait pas l'estampille constatant que l'impôt est acquitté.

L'établissement de la cote de l'impôt sur le capital n'offrirait donc pas de grandes difficultés, et n'obligerait pas à un travail bien compliqué.

Quant à la perception, voici le mode que j'ai proposé. — Le trésor disposerait sur chaque contribuable du montant de sa contribution en douze mandats payables de mois en mois. — Le recouvrement de ces mandats serait confié à un ou plusieurs établissements de crédit, moyennant une simple commission à fixer par voie d'adjudication.

Le non-payement donnerait lieu à un protêt, rendrait exigible la totalité de la contribution annuelle, et le trésor jouirait du privilége de prélèvement sur l'actif disponible en cas de déconfiture du contribuable. L'établissement de crédit pourrait, en accordant des délais, être subrogé aux droits de l'État.

Il n'est pas douteux que la répartition et le recouvrement ainsi organisés ne coûteraient pas même 1 pour 100, au lieu de 15 que coûtent ceux des impôts actuels. — Il en résulterait une économie annuelle de plus de *trois cents millions*, c'est-à-dire d'une somme suffisante à amortir toute la dette en cinquante ans.

Examinons maintenant si l'impôt sur le capital satisfait également à la troisième condition, c'est-à-dire s'il permet une répartition équitable. A ne juger que superficiellement, on pourrait dire qu'en faisant supporter tout au capital réel et rien au travail, on commettrait une injustice, parce que les dépenses publiques étant faites dans l'intérêt de tous, personne ne devrait être exempté d'y contribuer pour sa quote-part. Cela est très-vrai, mais ce n'est pas ainsi qu'il faut raisonner; — il faut se demander s'il est dans l'intérêt du capital réel de payer seul et d'exempter le travail. — Or, cela est certain, et une comparaison le fera comprendre.

Pourquoi un législateur sage s'oppose-t-il à laisser employer des enfants à un travail fatigant ? Ce n'est pas seulement par un sentiment de tendresse, mais encore au point de vue économique, par ce motif, que pour utiliser prématurément une force minime, on compromet la formation d'une force importante. — Un enfant usé avant l'âge viril ne devient qu'un travailleur débile et un invalide précoce.

Eh bien, il en est de même de l'impôt lorsqu'il atteint le travail avant qu'il ait le temps de créer une épargne et d'augmenter ainsi la richesse acquise, qu'on a nommée avec justesse « du travail accumulé. »

On m'a aussi demandé si les terrains non bâtis dans Paris devraient, selon moi, payer l'impôt sur le capital réel.

Évidemment, oui. Chaque année ces terrains acquièrent de la valeur ; c'est comme du vin de Bordeaux en cave. Si les propriétaires n'espéraient pas en tirer un meilleur profit en attendant, ils réaliseraient au plus vite le prix de ces terrains, ou, en construisant, donneraient du travail à ceux qui en ont besoin.

Il en est de même pour les maisons non louées. Si le propriétaire n'avait pas intérêt à tenir ses prix, il se hâterait de louer, et le taux des loyers serait parfois moins élevé, en raison de l'intérêt même qu'il aurait à se couvrir de l'impôt exigible, et tout le monde y gagnerait.

L'exemption d'impôt dont sont favorisées les non-valeurs de cette nature, dérive de cette fausse idée qu'on doit imposer le *revenu*, c'est-à-dire le *capital en formation*, au lieu d'imposer le *capital formé*. On ne fait en ceci que copier les Anglais, que je veux bien accepter comme émules, mais non comme modèles.

En terminant cette lettre, qui doit clore la série des études que j'ai entreprises sur la réforme de l'assiette de l'impôt, je dois remercier toutes les personnes qui m'ont adressé de bienveillantes critiques et d'intéressantes communications. Je dois aussi vous remercier, Monsieur le Directeur de la *Revue universelle*, de n'avoir pas craint de donner asile à des théories traitées presque d'hérésies par les économistes de l'école, à qui il manque un peu de pratique commerciale pour apprécier les conséquences des lois qu'ils posent *à priori*. La méthode expérimentale a du bon. C'est là ce qui me fait un peu secouer les liens de la routine pour rechercher la vérité dans la simplification. Assimilant l'État à l'administration d'une grande usine, n'y a-t-il pas lieu d'appliquer au gouvernement de son pays les principes d'ordre et d'économie qui assurent la prospérité d'une entreprise?

Au surplus, l'idée que je préconise n'est pas si neuve que le croient bien des personnes. Les économistes qui l'ont poursuivie ont fait école sous le nom de *physiocrates*. Des publicistes, M. Émile de Girardin et M. Edgard Quinet entre autres, s'en sont faits déjà depuis longtemps les ardents propagateurs.

Elle a de plus eu la sanction de l'expérience, il y a quatre siècles, dans la république de Florence, qui a dû sa prospérité à son application. C'est à s'être constitués les défenseurs de cet impôt que les Médicis durent l'origine de leur popularité et de leur grandeur.

Pourquoi la France ne trouverait-elle pas aussi dans ce système d'impôt la même prospérité? A Florence, il y avait pourtant alors très-peu de propriétaires et de capitalistes : c'était le petit nombre qui supportait les charges publiques; aujourd'hui, qui donc ne possède pas quelque chose qui pourra être imposé au titre de capital réel?

C'est l'impôt productif par excellence, économique dans sa perception et réalisant l'*égalité* pour tous, en proportion de la *sécurité* dont chacun, pour ce qu'il possède, a besoin de la part de la société.

Actuellement, il n'y a que celui qui place ses épargnes en immeubles qui paye l'impôt. — Celui qui les place en valeurs mobilières, en tableaux, en meubles de luxe, ne paye rien.

Est-ce juste? — Non, assurément.

« *D'une part*, écrit M. de Sismondi dans » sa traduction des Œuvres de Machiavel, » *la haute bourgeoisie, depuis qu'elle con-* » *court largement aux dépenses, devient moins* » *entreprenante, moins aventureuse; de l'au-* » *tre, le peuple, satisfait d'avoir acquis* » *l'égalité dans l'impôt, se retire de l'émeute;* » *il laisse à Florence cette longue paix dont* » *profitent les arts du quinzième siècle.* »

C'est bien là ce qu'il faut souhaiter à la France !

MENIER.

NOTES

NOTES

Extrait du journal *le Peuple souverain*, nº du 30 juillet 1871.

L'IMPOT SUR LE CAPITAL.

Nous avons appelé, il y a quelques jours, l'attention de nos lecteurs sur une brochure de M. Menier, qui proposait de remplacer nos taxes actuelles par un impôt sur le capital, et de demander à cet impôt les ressources nécessaires pour subvenir à tous les besoins du Trésor. La pensée de l'auteur allait même plus loin, comme on l'a vu : il voulait, au moyen de l'impôt sur le capital, amortir notre dette et protéger contre des risques, malheureusement trop nombreux, une foule d'intérêts que notre organisation sociale semble livrer à tous les coups du hasard.

M. Menier nous adresse aujourd'hui une nouvelle édition qui a subi quelques modifications. Il y a joint une lettre dans laquelle ces modifications sont expliquées.

C'est toujours, au fond, la même pensée. L'auteur n'a rien retranché de sa théorie. Seulement, comme il est avant tout un homme pratique, il rétrécit provisoirement le cadre des réformes qu'il avait en vue, et, en attendant une application plus large de son système, il demande simplement que l'impôt sur le capital soit appelé à fournir les millions dont le gouvernement a besoin pour rétablir l'équilibre du budget.

Les questions d'impôt dominent toutes les autres, au milieu des crises politiques et sociales comme celle que nous traversons. Elles s'imposent fatalement à notre patriotisme. C'est déjà faire acte de bon citoyen que de chercher à les résoudre. Les solutions ne s'offrent pas toujours du premier coup; mais il y en a qui se recommandent en quelque sorte d'elles-mêmes; ce sont celles qui nous viennent d'hommes politiques rompus aux affaires et que les leçons de l'expérience semblent défendre mieux que d'autres contre les séductions de la théorie.

Voici la lettre de M. Menier, qui sera lue avec intérêt :

PASCAL DUPRAT.

A Monsieur Pascal Duprat, député, rédacteur en chef du PEUPLE SOUVERAIN.

MONSIEUR,

En vous remerciant des termes courtois de votre critique, je vous adresse un exemplaire de la deuxième édition de ma brochure: « *Des indemnités de guerre* », etc. J'y ai modifié ce que mon premier projet avait d'exagéré, aux yeux des gens timorés en face de toute réforme un peu radicale. Quant à moi, je serai toujours l'ennemi des demi-mesures et partisan des remèdes efficaces qui conviennent aux grands maux. Est-ce à dire que je me refuserais à toute mesure transitoire entre le système d'impôts actuel et celui que je propose? Nullement! Que l'on fasse l'essai sur une échelle réduite, strictement limitée à la nécessité de couvrir les nouvelles charges du budget. 1/4 pour 100, en moyenne, sur le capital réel, et 2 pour 100 sur les loyers, produiront les 600 millions nécessaires. Par cet essai, l'on se rendrait un compte exact de ce que l'impôt pourrait produire d'après mon projet.

Maintenant, quant au principe, vous êtes

d'accord avec moi qu'il est juste de faire contribuer aux dépenses publiques, dans une plus large proportion, ceux qui possèdent que ceux qui ne possèdent pas encore. Nous ne différons donc que sur le moyen : vous préféreriez imposer le revenu, moi je soutiens qu'il vaut mieux imposer le *capitnl réel*, c'est-à-dire *la richesse formée*. Dans le fond, cela revient au même, puisque la somme payée sur le capital est prélevée en réalité sur le revenu. Toute la différence gît dans le mode de perception et dans le moyen d'exonérer de la contribution ceux qui ont à peine de quoi vivre. En imposant le revenu, vous êtes tout d'abord forcé de procéder par une exception qui bloque toute personne ayant un maigre revenu dans une sorte de classe d'indigents, ce qui est une atteinte à la dignité personnelle.

C'est, par parenthèse, le même défaut qu'a la dernière loi sur les loyers, qui en a un autre, c'est de blesser surtout les intérêts de tous les pauvres honteux, qui préfèrent ne pas manger que d'aller quêter d'un tribunal quelconque *la faveur* d'une réduction.

En imposant le revevu, vous ne pouvez l'atteindre que par des moyens d'investigation auxquels le caractère français répugne, et qui entraînent de graves inconvénients que j'ai signalés dans ma brochure. Par l'impôt sur le capital réalisé que je propose, l'évaluation est toute faite par le capital foncier et mobilier, et cela sans acception de personnes; et quant au capital mobilier, la police d'assurance le fournit de la manière la plus naturelle. Remarquez, je vous prie, que la partie du capital mobilisé, sous forme de titres, actions ou obligations, est atteinte dans la chose même dont ces titres ne sont que le signe représentatif. Reste donc la crainte de voir échapper à la contribution proportionnelle ceux qui ont des revenus sans avoir de capital; ceux qui tirent ce revenu de leur seule intelligence en vendant leurs services : le magistrat, le fonctionnaire civil, militaire, ecclésiastique, le médecin, l'avocat, l'artiste, l'architecte, l'ingénieur, le courtier. Eh bien, mais j'ai obvié à cet inconvénient en ajoutant à mon système un impôt proportionnel au loyer. Et puis, tant que le revenu circule sans se convertir en richesse accumulée, je soutiens qu'il ajoute beaucoup plus à l'actif social, en alimentant l'industrie nationale, qu'il ne porte de tort au Trésor; et le jour où il se convertit *en capital réel*, il rentre dans la richesse imposable.

En somme, je reviens toujours à cette idée, qu'en matière d'impôts les pires sont ceux qui entravent la formation de la richesse générale.

Lorsqu'une nation peut épargner tous les ans 20 millards, un impôt de 4 millards lui pèsera en somme moins qu'un impôt de 2 millards, si elle ne peut épargner que 10 millards; car, dans le premier cas, sa richesse s'accroîtra de *seize,* et dans le deuxième, elle ne s'accroîtra que de *huit*. Ce serait là la justification de mon système, à supposer qu'il augmentât la contribution; mais je crois avoir démontré qu'en tenant compte des compensations que j'ai énumérées, cette augmentation — temporaire d'ailleurs — n'existerait qu'en apparence.

Je finis en vous exprimant ma satisfaction d'avoir attiré tout d'abord sur mon travail l'attention d'un homme compétent comme vous l'êtes, et comme une nuance seule sépare nos vues, j'ose concevoir même l'espoir de vous voir vous ranger à un moment donné parmi les défenseurs de mon système.

Agréez, Monsieur, l'assurance de ma considération la plus distinguée.

MENIER.

L'IMPOT SUR LE CAPITAL

ET

L'IMPOT SUR LE REVENU.

Lettre extraite du journal *le Peuple souverain*, n° du 29 décembre 1871.

A M. Pascal Duprat, député, rédacteur en chef du PEUPLE SOUVERAIN.

Paris, le 27 décembre 1871.

CHER MONSIEUR,

Il s'est dit des choses fort intéressantes à l'Assemblée dans le cours de la discussion de l'impôt sur le revenu. Il est ressorti des discours aussi bien des partisans de cet impôt que de ses adversaires, que sa superposition à tous les impôts directs et indirects déjà existants constituait au moins une iniquité flagrante.

Les partisans, d'une part, convaincus de l'impuissance où ils se trouvent d'imposer leur proposition par la force du raisonnement, ont recours à la prière. « *Nous vous demandons avec douleur*, disent-ils, *de subir comme nous l'inexorable loi.* »

Selon les adversaires, l'impôt sur le revenu, c'est la *taille*, un impôt odieux de l'ancien régime qu'on nous ramène sous un nom plus moderne. Il a contre lui d'ailleurs son caractère inquisitorial, si contraire à nos mœurs, *qui constitue*, selon une citation de M. Teisserenc de Bort, *chaque contribuable en l'état permanent de procès avec son gouvernement*. Enfin sa perception nécessitera la création d'agents nouveaux et coûtera fort cher, on n'en peut pas douter.

Aucune de ces objections ne saurait être opposée à l'impôt sur le capital, que personne, c'est à constater, n'a osé mettre en regard de l'impôt sur le revenu, tant la routine a de puissance dans notre pays!

Or, si l'impôt sur le revenu n'est point accepté, la nécessité inexorable où nous sommes de créer des ressources nouvelles pour équilibrer le budget va donc nous livrer sans merci au désastreux impôt de 20 pour 100 sur les matières premières. Ce serait une calamité nouvelle pour le commerce et l'industrie, déjà si cruellement éprouvés par la guerre, par les discordes civiles, par le provisoire gouvernemental, par les agitations des partis.

Puisque l'impôt sur le capital, qui triompherait pourtant, si l'on voulait, de toutes les difficultés, ne peut pas être accepté, parce que c'est une idée neuve, essentiellement républicaine, que les monarchies n'ont pas pu soumettre à l'épreuve de la pratique, plutôt que de consentir aux taxes sur les matières premières, j'accepterais, comme transition, les idées de M. Teisserenc de Bort, qui nous présente les quatre contributions directes comme *le cadre complet et élastique qui comprend une série d'impôts spéciaux sur tous les fonds productifs.*

M. Thiers, lui aussi, s'efforce de nous montrer que pas une des nations de l'Europe n'a un système d'impôts aussi équitable que le nôtre. Cela peut être vrai; mais le plus parfait des systèmes d'impôts qui conviennent aux monarchies peut-il suffire à un État républicain?

Si M. Teisserenc de Bort n'avait point été si timide, il aurait formulé une proposition tendant à voter des centimes additionnels sur les quatre contributions directes, et, pour mon compte, je les eusse proposés assez nombreux pour que le dégrèvement de certains droits de douane et d'octroi devînt profitable.

Les quatre contributions directes, en effet, atteignent sous différentes formes le capital qui, selon moi, doit seul payer. Et, certes, si les inégalités qu'elles produisent dans la répartition ne donnaient pas lieu à des critiques très-fondées, c'est sur elles que devrait se reporter la presque totalité du fardeau de l'impôt. La solution du problème de la simplification se réduirait à trouver la formule qui fondrait d'une manière équitable en une taxe unique les résultats obtenus par les quatre éléments actuels de l'impôt direct.

Mais, dans l'obligation où nous sommes aujourd'hui de choisir entre ces trois maux qu'on nomme : l'impôt sur le revenu, une demi-mesure, l'impôt sur les matières premières, une calamité, ou l'augmentation de la quotité des impôts directs actuels, une nécessité accidentelle, c'est à ce dernier moyen que je donne la préférence.

A l'avantage de ne rien changer à ce qui existe, puisque la routine a une telle horreur du changement, l'augmentation des quatre contributions directes joindrait celui de ne point nécessiter une nouvelle création de fonctionnaires, dont l'armée est déjà si considérable qu'elle forme le plus grand obstacle à la réforme et à la simplification de l'impôt.

L'adoption de cette proposition permettrait à l'idée de l'impôt unique de faire paisiblement son chemin dans l'opinion publique, au fur et à mesure de l'éducation républicaine des masses.

D'un autre côté, nous n'aurions pas à réparer les désastres que les impôts indirects multipliés hors de toute mesure causent à l'industrie française et au commerce, et qui, par contrecoup, font supporter au consommateur qui ne possède rien, la même charge qu'au consommateur qui possède.

En outre, le capital, c'est-à-dire la richesse acquise, aura vaillamment supporté les frais de la guerre; quoi de plus naturel? Songer à demander des ressources à la richesse à acquérir, c'est-à-dire à la production, au travail, c'est un contre-sens, et c'est refuser d'accepter le bénéfice d'une résignation constatée chez tous ceux qui possèdent, à savoir, qu'il faut bien se résoudre à payer les fautes du passé.

C'est la prospérité du commerce et de l'industrie qui réparera les brèches que la guerre a produites dans les fortunes acquises. A tout prix, il faut éviter tout ce qui pourrait compromettre cette prospérité.

Menier.

APPLICATION DE L'IMPOT SUR LE CAPITAL

DANS LE CANTON DE GENÈVE.

Le département des finances a l'honneur de vous prévenir que la TAXE MOBILIÈRE sera perçue, pendant les mois de septembre, octobre, novembre et décembre, les mercredi et samedi de chaque semaine, de dix heures à midi.

Vous trouverez d'autre part un résumé des principales dispositions de la loi sur la taxe mobilière, destiné à rappeler à chaque contribuable les bases d'après lesquelles il doit faire sa déclaration.

Lors même que vous estimeriez n'être pas passible de cette taxe, vous devez néanmoins vous présenter au département, pour en signer la déclaration, laquelle sera soumise au contrôle de la Commission taxatrice.

Cette convocation vous étant envoyée avant le 15 novembre, vous êtes invité, aux termes de l'article 18 de la loi du 27 avril 1864, à répondre au présent appel d'ici au 31 décembre prochain.

Ce délai expiré, vous seriez taxé par la Commission taxatrice.

Recevez, Monsieur, mes salutations empressées.

Le Conseiller d'État
chargé du département des finances,

A. CHENEVIÈRE.

RÉSUMÉ EXPLICATIF

DE LA LOI DU 27 AVRIL 1864.

Sont soumis à la *Taxe mobilière*, outre les Genevois et les Suisses domiciliés dans le canton, les étrangers qui y sont nés et domiciliés, et les étrangers y exerçant une industrie ou profession lucrative.

Les premiers 3,000 francs sont exempts de la Taxe. — Les 47,000 francs suivants payent 1 pour 1,000. — Au-dessus de 50,000 francs, la Taxe est de 2 pour 1,000.

Les meubles destinés à l'usage personnel sont exempts de la Taxe, ainsi que les immeubles, où qu'ils soient situés.

Les marchandises, les produits de la terre, une année après la récolte, et ceux de l'industrie, y sont soumis aussi bien que les créances hypothécaires et chirographaires, l'argent comptant, les actions et les obligations de toute espèce, toute valeur placée dans le pays ou à l'étranger, et, généralement, tout titre représentant la possession d'une somme d'argent.

Les usufruits, les pensions et les rentes viagères, sont évalués comme suit :

Jusqu'à 50 ans, ils représentent un capital de dix fois la rente annuelle;

De 50-55 ans, de neuf fois;

De 55-60 ans, de huit fois;

De 60-65 ans, de sept fois;

De 65-70 ans, de six fois;

De 70-75 ans, de cinq fois;

De 75-80 ans, de quatre fois;

De 80-85 ans, de trois fois;

De 85-90 ans, de deux fois;

Depuis 90 ans, de une fois.

Les biens propres aux enfants mineurs sont compris dans ceux du père et de la mère, s'ils en jouissent, et les biens de la femme dans ceux du mari, à moins qu'elle ne soit légalement séparée de biens.

Les femmes non mariées ou légalement séparées de biens, les veuves, les mineurs, les interdits, doivent aussi la Taxe.

Un séjour temporaire hors du canton de Genève ne libère pas de la Taxe; un établissement définitif hors du canton peut seul en exempter.

Le contribuable appelé doit se présenter lui-même pour faire sa déclaration ou son versement.

En cas d'empêchement dûment constaté, le versement peut être effectué par un tiers porteur d'une déclaration signée par le contribuable, sur un formulaire délivré par le département des Finances.

Les déclarations négatives doivent être faites personnellement.

Les déclarations et les payements des contribuables seront vérifiés et revisés par une Commission taxatrice qui statuera sur la taxation définitive, sauf recours au conseil d'État, et en dernier ressort aux tribunaux.

Les personnes auxquelles un avis de convocation a été expédié avant le 15 novembre, et qui, le 31 décembre, n'auraient pas fait leur déclaration, seront dès ledit jour taxées par la Commission taxatrice.

LETTRE

EXTRAITE DU JOURNAL *LE PEUPLE SOUVERAIN*.

Paris, 19 janvier 1872.

MONSIEUR LE RÉDACTEUR EN CHEF,

Le moment est critique pour ceux qui se sont préoccupés de la question vitale de l'*impôt*.

Les uns, ne voyant rien de mieux que ce qui existe, ont pensé qu'il suffirait d'exagérer les charges actuelles, de multiplier les taxes pour se procurer les ressources nécessaires. Leur imagination est à bout de ressources et d'expédients, et ils n'ont pas comblé le déficit.

D'autres ont demandé aux pays voisins des systèmes qu'une discussion approfondie a montrés peu compatibles avec l'humeur et le caractère français.

Les protectionistes ont vu là une occasion, un prétexte au rétablissement des taxes, — que je ne crains pas de qualifier de *désastreuses* pour tout le monde. Ils viennent d'échouer et donnent accès à d'autres projets.

Viennent enfin les hommes à la recherche de la vérité, qui, assez hardis pour quitter les sentiers battus, pensent qu'aux grands maux il faut les grands remèdes. Faisant table rase de toutes les complications fiscales accumulées par l'inspiration monarchique, ne s'inspirant que de la logique et de l'équité, ils simplifient tout le système en proposant, à l'exclusion de tous les impôts de consommation, l'impôt sur le *capital réel*, c'est-à-dire sur la richesse acquise, sur les revenus accumulés.

Je suis du nombre de ces derniers.

Ma pratique commerciale me fait considérer un État comme une vaste société en participation dans laquelle chacun doit supporter les frais au prorata de sa fortune. Donc, quand il s'agit de demander une contribution pécuniaire, c'est-à-dire un impôt, c'est la richesse acquise sous toutes les formes que doivent envisager nos législateurs, en faisant abstraction complète des personnes qui détiennent ces richesses... Ainsi posé, le problème devient d'une simplicité merveilleuse.

Quelle est, *en capital réel*, la richesse de la France? Étant donné le chiffre de la rançon à payer, combien pour cent doit supporter le *capital réel* constaté?

Là est *la certitude d'un produit immédiat* tel que M. Target le recherche de bonne foi.

C'est un *impôt national* qui s'impose à toutes choses, qui frappe toute la richesse. S'il ne s'impose pas à tous les citoyens, c'est que tous ne possèdent pas, tous ne peuvent pas payer sans engager un gain futur dont la réalisation est soumise à tous les aléa.

Avec cet objectif de l'impôt, *le capital réel*, nul besoin de créer des catégories dans les personnes, comme le font MM. Hèvre et Bamberger dans leur projet d'impôt du 14 janvier. Après avoir classé les revenus en revenus provenant des valeurs réalisées, en revenus industriels, commerciaux, professionnels, ils établissent les classes de contribuables à 1, 2, 3, 4 et 5 pour 100. — C'est infiniment trop compliqué.

Avec le capital réel, qui, en définitive, représente, je le répète, les revenus accumulés, en un mot la richesse formée, pas d'exceptions, pas de surcharges, l'égalité absolue ! Pourquoi cet immeuble, — qui vaut un million, — supporterait-il plus d'impôts parce qu'il serait la propriété de M. X. plutôt que de M. Z. ? —

Pourquoi payerait-il aujourd'hui plus qu'il ne payait hier, parce que M. X. l'a cédé à M. Z.? — C'est non moins compliqué qu'illogique, et c'est pourtant ce qu'offre le système progressif de l'impôt sur le revenu.

Permettez-moi, Monsieur le rédacteur, d'insister encore une fois pour demander que l'essai soit fait d'une taxe, même très-minime, *sur le capital réel*, ou sur la richesse accumulée.

Pour cet essai, et pour se procurer les 160 à 200 millions dont on a besoin pour équilibrer le budget, *un* franc sur *mille* doit suffire (1); puis les travaux de statistique auxquels donnera lieu cet essai permettront d'apprécier la simplicité, l'économie dans la perception, la faculté productive de ce système, et détermineront le changement radical de l'assiette de l'impôt dans un délai rapproché. C'est la formule trouvée de la simplification des impôts existants.

J'insiste vivement, parce que je réunis à la fois les conditions d'industriel et de capitaliste. Comme capitaliste, j'offre de payer tout ce qu'il

---

(1) Le capital réel, sous toutes les formes, représente, en France, le chiffre de 160 à 200 milliards.

faut; mais ne touchez pas à la liberté du commerce et de l'industrie, à qui je dois d'être devenu capitaliste. Sans cette liberté, pas de prospérité possible ; et alors adieu l'épargne et la — production des capitaux.

Ainsi vous parleront tous les négociants et les industriels qui, en vous tendant leur part de contribution, vous demandent de sauvegarder la liberté du commerce; car plus vous augmenterez l'intérêt de produire, plus vous engagerez au travail, aux échanges, et nécessairement la prospérité décuplera. Une marche contraire paralyserait tout et nous conduirait à grands pas à la ruine et à la misère!!

Selon M. Target, « il convient d'essayer tous » les impôts proposés, de ne s'engager dans » aucun système, afin de se trouver absolument » libre, après expérience faite, de choisir » d'une manière définitive les impôts qui au- » raient le double avantage de ne pouvoir por- » ter la moindre atteinte à l'industrie et de » frapper le moins possible ceux qui vivent du » travail quotidien. »

L'impôt sur la fortune, sur l'actif réel de chacun, remplit parfaitement toutes ces conditions, et d'autre part, l'organisation que M. Brunet recommande pour son impôt national de 3 pour 100 des revenus est telle que je l'ai proposée : jury dans chaque commune, commissions cantonales, révision par le conseil départemental, commission centrale choisie parmi les députés : voilà tout le mécanisme, et les résultats à retirer ont toute la certitude désirable, sans que ni le commerce extérieur ni l'industrie nationale aient à redouter les conséquences d'innovations mille fois plus empiriques que ma proposition.

Veuillez agréer, Monsieur le rédacteur, l'assurance de ma parfaite considération,

MENIER.

LA LIBÉRATION DU TERRITOIRE ET L'IMPOT SUR LE CAPITAL.

CONCLUSION.

24 mars 1872.

Les propositions faites par MM. de Carayon La Tour et Philippoteaux, et renvoyées d'urgence devant une commission spéciale dans la séance de l'Assemblée nationale du 19 mars 1872, les discussions très-intéressantes qui ont lieu présentement dans les bureaux, donnent à la question de l'*impôt sur le capital* un caractère d'actualité brûlante, et peut-être va-t-elle d'ici demain passionner à juste titre l'opinion publique.

Ayant eu à diverses reprises l'occasion de rendre sensibles les points de contact qui existent entre ces deux idées, la *libération du territoire* et l'*impôt sur le capital*, je crois devoir, en terminant ce travail, rappeler sous forme de conclusion les diverses propositions qui m'ont paru être les corollaires du théorème dont j'avais fait précédemment la démonstration.

Je tiens à constater et à caractériser la part effective que j'ai été amené à prendre dans l'éclosion, ou plutôt dans la résurrection de l'idée de l'impôt sur le capital. Car si son application limitée à un but spécial, tel que la libération du territoire, donnait lieu à quelques réclamations, parce que cette contribution sera superposée à tous les impôts directs et indirects actuels, je veux être en mesure de montrer la différence qui existe entre le système complet que je propose et les applications partielles qui n'offrent pas au contribuable les mêmes compensations.

En juillet 1871, je certifiais que c'était là le seul système qui permît d'indemniser les victimes de l'invasion et de la guerre civile.

En janvier 1872, en adressant à M. Dalloz ma souscription pour la libération du territoire, j'écrivais :

« *On y réussira (à réunir des milliards), si l'on assigne à cette souscription son véritable caractère. Elle ne ressemble plus à ces appels à la bienfaisance publique où le riche est invité à céder quelque chose de son superflu.*

C'est le sentiment du DEVOIR STRICT ET ABSOLU *qui doit nous dicter la somme à souscrire, devoir envers nos concitoyens qui subissent encore le joug de l'occupation étrangère, devoir envers la Patrie surprise mais non vaincue. Au nom de la solidarité, au nom du patriotisme, la France a droit à notre offrande spontanée et par cela même d'autant plus méritoire.*

» *Il appartenait à nos législateurs de faire une obligation à chacun des Français de contribuer directement, dans la mesure de ce qu'il possède, à la rançon de ses concitoyens et du pays. Puisqu'ils n'ont pas eu la sage hardiesse de prendre de telles résolutions, c'est à nous-mêmes de le faire et de démontrer ainsi victorieusement qu'ils ont eu tort de douter de nous, et que le sentiment de notre devoir nous a élevés à la hauteur du sacrifice.*

» *Il importe donc à chacun de nous de trancher avec résolution non pas seulement dans son revenu, mais encore dans son* CAPITAL RÉEL. »

Dans la réunion de la Société d'économie politique du 5 février 1872, M. Léopold Javal engagea la conversation sur la souscription pour la libération du territoire. Interpellé directement par M. Blaise (des Vosges), j'eus encore l'occasion d'exprimer les relations intimes que j'apercevais entre l'impôt sur le capital et la rançon des trois milliards à payer à la Prusse.

« *Il importe,* ai-je dit entre autres choses, *surtout d'indiquer à chacun la mesure dans laquelle il doit s'imposer un sacrifice. Si chacun voulait donner 2 p. 100 de son avoir, on réaliserait certes les trois milliards nécessaires; mais je sais à l'avance que cela paraîtrait exorbitant. Je ne dirai donc même pas que l'on demande 1 p. 100; mais* UN DEMI POUR CENT *n'a rien d'exagéré, et si chacun consentait à s'imposer ce sacrifice, l'on réunirait environ 7 à 800 millions. Ce serait là un résultat assez brillant, digne de la France, et bien fait pour relever son crédit et son prestige parmi les autres nations de l'Europe et du monde entier; ce serait aussi le moyen de trouver avant peu les trois milliards nécessaires à notre libération.* »

On conversa pendant une demi-heure environ sur ce sujet, mais l'idée de l'impôt sur le capital me parut avoir un certain nombre d'adversaires, et l'on se sépara sans conclure.

A diverses séances du Comité général de l'Œuvre patriotique des femmes de France, je formulai les mêmes opinions.

Enfin, en apprenant les propositions récemment faites à la Chambre, je déclarai dans le comité du IVe arrondissement que la souscription me paraissait devoir faire double emploi avec la *contribution proposée sur le capital* au cas où cette dernière serait admise par l'Assemblée. Je fis donc la proposition de demander au gouvernement que toutes les sommes versées pour la souscription à titre de don soient applicables, *à la volonté des souscripteurs,* au payement de la contribution sur le capital, dont il est en ce moment question à la Chambre. Une telle décision donnerait certainement à la souscription patriotique une impulsion merveilleuse. Le gouvernement lui rendrait ainsi d'une manière indirecte tout l'élan qu'il lui a enlevé par les déclarations faites à la tribune.

Il était peut-être utile que le gouvernement se dégageât d'une manière absolue de cette entreprise, pour lui laisser complétement un caractère *d'initiative privée ;* mais les personnes égoïstes ont trouvé là un bon prétexte pour colorer leur abstention.

Et pourtant la souscription est une idée si généreuse, si chevaleresque, si patriotique, elle est l'expression d'une si touchante pensée de la part des dames d'Alsace et de Lorraine qui ont commencé cette souscription, elle est si bien faite pour rallier tous les partis dans une action commune, et pour relever le caractère national par l'idée du sacrifice, qu'il serait vraiment triste de la voir échouer par suite d'un malentendu, pour une opinion personnelle mal interprétée.

Une combinaison heureuse de l'impôt sur le capital et de la souscription volontaire couperait court à tous ces embarras.

Soucieux de se donner le mérite de la générosité, plus d'un se hâtera de souscrire, et dès lors la perception de l'impôt proposé sera singulièrement facilitée.

En attendant le moment favorable pour donner suite, s'il y a lieu, à ce projet de conversion facultative de la souscription en payement d'impôt, il est bon d'envisager d'abord si l'appel fait à une contribution très-limitée sur le capital peut, dans les circonstances actuelles, faire renoncer à l'emprunt.

A mon avis, l'emprunt doit marcher de pair avec la souscription et l'impôt sur le capital, dès lors que celui-ci n'est employé que comme auxiliaire des impôts actuels. Notre dignité exige que nous nous débarrassions des Allemands au plus vite, dût-il nous en coûter plus cher que l'intérêt qu'on leur paye actuellement.

Le grand avantage de l'impôt sur le capital réside, je l'ai déjà dit, dans les nombreuses et importantes compensations qui résulteraient de sa substitution aux impôts actuels.

Je cherche donc, au point où en est arrivée l'opinion sur ce mode d'impôt, quelle somme de compensation pourrait être offerte dès maintenant à la masse des contribuables.

Pour cela, voici comment je décomposerais la taxe à établir :

1° *Un franc pour mille francs*, soit sur 150 milliards, — 150 millions. Cette somme serait destinée à nous sauvegarder contre l'impôt désastreux sur les matières premières. Or, comme ce dernier ne paraissait nécessaire à M. Thiers que pour constituer le fonds d'amortissement de la dette de l'État envers la Banque de France, ce premier 1 pour 1000 servirait donc à payer cette dette spéciale ;

2° *Un pour mille*, soit 150 autres millions. Ils serviraient au payement des intérêts du nouvel emprunt de 3 milliards qui est sur le point de se contracter. En raison de l'amortissement indiqué ci-après, le chiffre des intérêts à payer chaque année irait toujours en diminuant.

3° *Un pour mille*, soit 150 autres millions. Ils seraient employés à l'amortissement de l'emprunt de 3 milliards. Le chiffre de l'amortissement devrait s'accroître d'année en année de la somme disponible sur les 150 millions affectés au service des intérêts. Ce serait, à proprement parler, 300 millions employés chaque année tant au payement des intérêts qu'à l'amortissement de la dette. Il faudrait 14 ans pour amortir complétement l'emprunt de 3 milliards dans de telles conditions.

Le service des intérêts à 5 p. 100 l'an, absorberait.	1 milliard 178 millions.
Le service de l'amortissement . . .	3 milliards
Et il resterait pour les frais. . .	22 millions.
Trois cents millions par an pendant quatorze ans produisent.	4 milliards 200 millions.

4° *Un pour mille*, soit 150 millions. Ils serviraient à payer par annuités les indemnités dues aux victimes de l'invasion et de la guerre civile, jusqu'à extinction des sommes dues.

5° *Un pour mille*, soit 150 millions. Ils seraient destinés à nous dégrever des impôts qui entravent le plus l'industrie et le commerce. Ces compensations directes et effectives sont absolument nécessaires pour que l'impôt sur le capital conserve le caractère d'équité que j'ai signalé.

C'est donc au total *cinq francs pour mille francs* produisant environ 750 millions, avec des compensations effectives pour 450 millions, qui suffiraient pour nous faire entrer progressivement dans la réforme de l'assiette de l'impôt.

Il est bon de faire remarquer ici que le point de départ pour établir l'impôt foncier a été très-défectueux. Les terres ont été classées d'après des revenus qui ont pu varier considérablement depuis l'établissement du cadastre. Il serait beaucoup plus juste de prendre pour point de départ la valeur vénale des propriétés dont le cours est facile à établir.

Au moment où nous avons besoin de nous assurer des alliances pour que la France ne se trouve point isolée dans l'Europe au moment du danger, l'impôt sur les matières premières n'est pas fait pour nous acquérir la sympathie des peuples qui importent chez nous les matières premières. Mais ce qui est plus à redouter encore que le mécontentement des autres peuples, c'est le tort immense que cette cherté factice peut causer à notre industrie et à notre commerce international. A tout prix, il faut éviter à notre pays une mesure qui serait un désastre plus terrible que la guerre contre l'Allemagne.

MENIER.

PROJET DE M. ADRIEN LÉON.

(Séance du 31 janvier 1872.)

PROPOSITION DE LOI

Ayant pour objet la création d'un emprunt national et patriotique de 3 p. 100 sur toutes les fortunes particulières de dix mille francs de capital et au-dessus (urgence déclarée — renvoi à la commission du budget de 1871), présenté par M. Adrien Léon, membre de l'Assemblée nationale.

Messieurs,

Tout le monde connaît la nécessité où nous sommes d'imposer au pays des charges nouvelles; le but que nous cherchons tous, et que nous voulons atteindre, est de lui infliger les charges les moins lourdes, c'est-à-dire celles qui, en produisant les plus grands avantages à l'Etat, imposeraient le moins de sacrifices à la France, celles qui permettront à la situation financière de s'améliorer, à la confiance de renaître, au crédit de la France de se relever.

L'emprunt que je vous propose me paraît réunir ces diverses conditions, et il ne me paraît pas possible, au moins au point de vue théorique, d'en contester l'efficacité. Quant à l'application, elle pourra présenter quelques difficultés (moins grandes qu'on ne le pense peut-être), mais ces difficultés ne sauraient être un obstacle, si l'on songe aux immenses résultats que l'on obtiendrait.

Cet emprunt, établi exclusivement sur ceux qui possèdent, aurait le grand avantage de permettre au Gouvernement de renoncer à établir de nouveaux impôts, d'équilibrer son budget sans de nouvelles charges; enfin d'exonérer complétement les classes laborieuses. — Il permettrait en outre de se libérer entièrement vis-à-vis de l'étranger, de rendre libre le sol de la France, et, comme conséquence, au travail de renaître, au mouvement industriel et commercial de se développer.

Par ces motifs, j'ai l'honneur de vous proposer le projet de loi suivant :

L'Assemblée nationale,

Décrète :

Art. 1er. Un emprunt national et patriotique de 3 p. 100 est établi sur toutes les fortunes particulières de dix mille francs de capital et au-dessus.

Art. 2. Cet emprunt a pour base la déclaration du contribuable.

Art. 3. Le capital souscrit par chacun sera divisé en huit versements égaux, échelonnés de deux mois en deux mois, de manière que le dernier versement ait lieu le 1er juillet 1873.

Art. 4. Les titres de rente ne porteront intérêt au prêteur qu'après le dernier versement, c'est-à-dire à partir du 1er juillet 1873.

Art. 5. En échange de son prêt, chacun recevra un titre 3 p. 100 au pair, c'est-à-dire 3 fr. de rente pour chaque 100 fr. avancés.

Art. 6. Pour venir en aide à la propriété, l'Etat pourra autoriser la fondation d'une société qui aurait pour objet d'avancer aux propriétaires qui pourraient en avoir besoin les fonds nécessaires pour l'emprunt.

EXPLICATIONS ET DÉVELOPPEMENTS.

Les nouveaux impôts quels qu'ils soient, que l'Assemblée nationale est appelée à voter, donneront sans doute à l'Etat les moyens d'équilibrer son budget, mais la situation financière sera-t-elle meilleure? Est-il possible de prévoir l'époque où les charges qui pèsent sur nous pourront être adoucies?

Si ma proposition était acceptée, l'emprunt donnerait à l'Etat 6 milliards, car on dit que la fortune de la France dépasse 200 milliards. — L'Etat aurait donc à servir un intérêt de 180 millions.

Sur ces 6 milliards, 3 seraient employés à désintéresser la Prusse ; nous ne serions pas alors dans la nécessité de demander au crédit ces 3 milliards pour lesquels, s'il fallait y recourir, nous aurions à payer au moins un intérêt de 5 1/2 p. 100.

Nous économiserions donc de ce côté.	165 millions.
Les 3 autres milliards permettraient d'amortir une somme égale de 5 p. 100 et 3 p. 100 ; en supposant que la rente eût atteint le pair, nous diminuerions encore, de ce second chef, nos dépenses annuelles de.	150 millions.
Ensemble.	315 millions.
Les 6 milliards produiraient donc au Trésor une ressource annuelle de 315 millions, mais il faut en déduire l'intérêt à 3 p. 100 à servir aux 6 milliards.	
Soit.	180 millions.
L'économie serait donc de. . . .	135 millions.

Ce qui permettrait de renoncer à l'impôt sur les matières premières et à tous autres impôts.

Maintenant que coûterait cet impôt au prêteur, et supposons une fortune de 100,000 francs.

Les 3 p. 100 de 100,000 francs sont 3,000 francs que le possesseur d'une fortune de cent mille francs aurait à prêter à l'Etat ; pour ces 3,000 francs, il reçoit un titre de rente produisant, à 3 p. 100, 90 francs.

Ces mêmes 3,000 francs produiraient, à 5 p. 100, 150 francs.

Son revenu, qui était donc de 5,000 francs, se trouve réduit de 60 francs.

Y a-t-il là un bien grand sacrifice à faire ? Sa

dépense ne sera-t-elle donc pas augmentée d'au moins autant, par les impôts sur les matières premières ou tous autres dont nous sommes menacés?

Son revenu ne se trouve donc pas affecté aussi longtemps qu'il pourra conserver son titre de rente.

Examinons maintenant ce qui arriverait s'il avait besoin de le réaliser.

L'Etat étant mis en situation et de se libérer de suite des 3 milliards dus à l'Allemagne, et de racheter 3 milliards de rente, qui pourrait mettre en doute que la rente française ne montât immédiatement à un taux très-élevé?

Je peux, sans crainte de me tromper, prendre pour base minimum de mon calcul, la rente 3 p. 100 arrivée, dans peu de temps, au taux de 66 francs.

Supposons pour un instant le prêteur disposé à vendre à ce prix.

Le prêteur a employé 3,000 francs, il n'a reçu que 3 francs de rente pour 100 francs; il n'obtient à la vente que 66 francs pour 3 francs de rente, il perd le tiers du capital, soit 1,000 francs. Voilà donc, on peut le dire, le maximum de la perte que peut avoir à subir le possesseur d'une fortune de 100,000 francs, et cette perte n'est-elle donc pas compensée par les impôts dont elle l'affranchit?

Et que serait-elle si on voulait tenir compte de la plus-value que prendraient les propriétés et toutes les valeurs mobilières à la suite de l'opération, que notre intérêt seul nous commanderait en l'absence de tout sentiment patriotique.

Voilà, à mon avis, le seul moyen d'arriver promptement et sûrement à la libération du territoire.

Cet emprunt sera une charge, mais une charge bien légère, comme je viens de le démontrer, à la suite de laquelle les fortunes, si faiblement diminuées, auraient avant huit mois bien plus de valeur qu'elles n'en ont aujourd'hui.

Est-il facile de percevoir cet emprunt sans provoquer une crise financière? Je crois que oui. D'abord, cet emprunt n'est payable qu'en plus de vingt mois et par fractions de 10 p. 100, c'est-à-dire qu'en prenant toujours pour exemple une fortune de 100,000 francs, le versement à faire serait de 300 francs tous les deux mois; ce temps pourrait permettre à la circulation de l'argent de se rétablir.

Mais, objectera-t-on, vous allez faire baisser la rente, car pour faire l'argent nécessaire aux versements il sera nécessaire de vendre de la rente ou des valeurs : je ne le pense pas; le prêteur reçoit 3 p. 100 au pair, il ne vendra pas de la rente à 56 francs, il fera une moyenne, il a vu la rente à 75 francs, il peut espérer la revoir à ce cours, il attendra, il vendra peut-être des valeurs, mais, s'il est intelligent, il vendra surtout des valeurs étrangères, fonds espagnols, italiens, égyptiens, ottomans, etc.; ces ventes ne pèseront pas sur le crédit français et elles feront de l'argent à l'étranger.

D'ailleurs, j'ai la conviction que le Gouvernement peut, au besoin, se passer d'exiger des espèces et laisser la faculté de se libérer avec ce que l'on a, titres de rente, actions, obligations, etc., au cours de la Bourse, ou encore en un billet hypothécaire à 6 p. 100 d'intérêts et ne donnant lieu à aucun droit d'enregistrement.

Cette hypothèque primerait toute autre inscription légale, comme cela a lieu pour les droits de l'Etat en matière d'impôt.

Nos capitalistes français pourraient alors s'entendre avec les capitalistes étrangers et fonder une société puissante, dont l'article 6 de ma proposition autorise la fondation, qui, profitant de ce que l'argent est à 2 p. 100 en Angleterre, se chargerait, moyennant transfert de ces valeurs et la garantie exceptionnelle de l'Etat, de payer pour nous, recevant pour cela une commission à déterminer, et profitant de la plus-value certaine de tous les titres mobiliers.

Pour terminer, Messieurs, je crois que plusieurs Etats ont déjà expérimenté l'emprunt forcé : la Hollande, l'Autriche. Ce dernier pays a eu recours deux fois à ce moyen pour se procurer de l'argent. En France, je ne crois pas que l'on soit entré dans cette voie d'un emprunt forcé; mais, en 1789, on prit un moyen plus radical; on décréta un impôt forcé de 3 p. 100 sur le capital, impôt basé, comme l'emprunt que je vous propose, sur la déclaration du contribuable.

On payait sur simple déclaration écrite, portant :

« Je déclare que la somme de ..... que je verse à l'Etat, en exécution du décret du 28 octobre 1789, forme bien 3 p. 100 de mon avoir. »

La mesure que je vous propose est un emprunt patriotique. Il a pour résultat de hâter le plus promptement possible la réalisation de ce but, que nous voulons tous, la libération du territoire. Nous avons donc la certitude que tous les Français tiendront à grand honneur de le faciliter.

PROPOSITIONS DE MM. DE CARAYON LA TOUR ET PHILIPPOTEAUX.

Extrait du compte rendu de la séance de l'Assemblée nationale du 18 mars 1872.

La parole est à M. de Carayon La Tour pour le dépôt d'une proposition.

M. DE CARAYON LA TOUR. J'ai l'honneur de déposer sur le bureau de l'Assemblée une proposition de loi ayant pour objet d'acquitter nos engagements envers l'Allemagne et d'obtenir la délivrance du territoire.

Je demande l'urgence.

Voix nombreuses. Lisez ! lisez !

M. DE CARAYON LA TOUR. Voici les termes de ma proposition.

« Article 1er. — Il est prélevé une contribution extraordinaire de 2 p. 100 sur le montant de toutes les valeurs mobilières et immobilières françaises ou appartenant à des Français.

« Art. 2. — Cette contribution extraordinaire sera payée en dix annuités, moyennant intérêt à 5 p. 100. Toutefois les contribuables auront le droit de se libérer par des versements anticipés à l'époque qui sera le plus à leur convenance dans le courant des dix années.

« Art. 3. — L'évaluation de la propriété immobilière sera obtenue en multipliant par 25 le montant du revenu cadastral. L'évaluation de la rente et des valeurs de toute nature cotées à la Bourse sera faite d'après le cours du 1er mars 1872.

« Art. 4. — Le montant des capitaux placés ou engagés à quelque titre que ce soit, et dont la valeur ne sera pas publiquement connue, sera établi, sans contrôle, sur la déclaration des particuliers. (Oh ! oh !)

« Art. 5. — Des commissions spéciales, dont la composition sera ultérieurement fixée, seront chargées de recevoir ces déclarations. »

Je demande à l'Assemblée...

M. GASLONDE. Le revenu cadastral n'est pas absolu, il est relatif.

M. DE CARAYON LA TOUR.... si elle veut que je lui lise l'exposé des motifs. (Non ! non !)

Je demande la déclaration d'urgence et le renvoi à la commission du budget.

M. LE PRÉSIDENT. M. de Carayon La Tour demande la déclaration d'urgence pour sa proposition de loi.

Je consulte l'Assemblée sur la demande d'urgence.

(L'urgence est mise aux voix et déclarée.)

M. LE PRÉSIDENT. S'il n'y a pas opposition, la proposition sera renvoyée à la commission du budget?

MM. BUFFET et LAMBERT DE SAINTE-CROIX. Nous demandons le renvoi à une commission du budget.

M. LE PRÉSIDENT. Avant de prononcer, j'ai demandé s'il y avait opposition ; personne n'a répondu.

M. LE COMTE BENOIST D'AZY. Je demande la parole.

M. LE PRÉSIDENT. M. le président de la commission du budget a la parole.

M. LE COMTE BENOIST D'AZY. Messieurs, de nombreuses propositions du même genre ont été envoyées de tous les points de la France à la commission du budget avec des combinaisons plus ou moins compliquées. Lorsque le Gouvernement aura à entretenir l'Assemblée des propositions relatives à la réalisation de cette grande œuvre du payement de l'indemnité que nous devons, alors toutes ces propositions pouront être présentées ; mais jusque-là, permettez que la commission du budget continue son travail : elle est pressée de vous le soumettre.

Dans ce moment, la commission ne pourrait exprimer son avis sur la proposition dont il vient d'être question sans s'occuper de toutes celles du même genre auxquelles je viens de faire allusion. Et le fond même de cette proposition n'est pas aussi simple qu'il peut le paraître au premier abord et par la manière dont elle est formulée : il s'agit d'une question très-grave à cause de son but, et qui mérite un sérieux examen. Si vous voulez une solution, non sur le fond lui-même, mais sur la question telle qu'elle est posée, nommez une commission spéciale.

Quant à la commission du budget, elle vous prie, messieurs, de ne pas ajouter au travail qu'elle a déjà fait, qui vous est soumis dans ce moment et qu'elle désire compléter. (Très-bien ! très-bien !)

M. de Carayon La Tour. Il me semble impossible de renvoyer à plus tard l'examen de la proposition que j'ai eu l'honneur de présenter à l'Assemblée, puisque cette proposition doit avoir pour conséquence la suppression d'une grande partie des impôts qui vous sont proposés.

Si l'Assemblée veut renvoyer ma proposition à une commission spéciale, je n'ai rien à dire.

M. le Président. M. de Carayon La Tour n'insistant pas sur la demande de renvoi à la commission du budget, et l'Assemblée ayant d'ailleurs entendu les observations de M. le président de la commission du budget, la proposition de M. de Carayon La Tour, sur laquelle l'urgence a été déclarée, sera renvoyée à l'examen des bureaux.

M. Philippoteaux. Une proposition qui est absolument dans le même sens avait été préparée par plusieurs de mes collègues et par moi. Je viens prier l'Assemblée de vouloir bien en ordonner le renvoi à la même commission qui sera chargée d'examiner la proposition que vient de déposer M. de Carayon La Tour.

Je demande seulement à l'Assemblée la permission

de lui lire les articles 1er et 2 de cette proposition. (Lisez !)

« Art. 1er. — Une taxe nationale extraordinaire de de deux et demi p. 100 est établie sur la valeur en capital de tous les biens meubles et immeubles, sans exception, existant en France ou appartenant à des citoyens français, en quelque lieu qu'ils soient situés.

« Le montant de cette taxe est destiné à parfaire le payement des indemnités de guerre à la Prusse et des dédommagements promis aux victimes de la guerre. »

« Art. 2.— Un délai de cinq années, selon le mode et les conditions ci-après, est accordé pour le payement de cette taxe, qui sera établie d'après les bases suivantes :

« La valeur des immeubles sera calculée sur le prix des baux enregistrés, qui seront considérés comme devant produire (contributions déduites) un revenu, savoir :

« De 4 p. 100 pour les propriétés foncières non bâties et bâtiments ruraux ;

« De 6 p. 100 pour les maisons d'habitation ;

« De 10 p. 100 pour les immeubles ayant une destination commerciale ou industrielle.

« Quand ces divers immeubles seront occupés ou exploités par le propriétaire, leur valeur taxable sera déterminée d'après le revenu réel porté aux matrices cadastrales.

« Sera déduite de la valeur des immeubles l'importance des dettes dont ils seront grevés au jour de la promulgation de la loi. »

M. Wallon. C'est un amendement !

M. Philippoteaux. Je crois, Messieurs, qu'il est inutile de vous lire tout le dispositif du projet. Il me paraît être plus complet dans ses détails et plus précis dans ses applications que celui de notre honorable collègue M. de Carayon La Tour. Nous proposons notamment, comme moyen de libération pour le contribuable, la faculté de souscrire des obligations à échéances échelonnées, garanties par privilége et hypothèque, qui seraient immédiatement remises au Trésor et dont le ministre des finances pourrait facilement opérer la négociation.

Mais pour ne pas abuser des instants de l'Assemblée, je me borne à vous demander le renvoi de notre projet à la commission qui sera nommée pour examiner le projet déposé par M. de Carayon La Tour.

Je demande l'urgence afin d'obtenir le renvoi à cette même commission.

M. LE PRÉSIDENT. M. Philippoteaux demande la déclaration d'urgence pour la proposition qu'il vient de présenter.

(L'urgence est mise aux voix et déclarée.)

M. LE PRÉSIDENT. La proposition sera renvoyée à l'examen des bureaux.

Plusieurs membres. Une seule commission !

M. LE PRÉSIDENT. On demande qu'une seule et même commission soit nommée pour l'examen des deux propositions qui viennent d'être déposées. Y a-t-il opposition?

De toutes parts. Non ! non !

M. LE PRÉSIDENT. Il ne sera nommé qu'une seule commission.

EXTRAIT DU JOURNAL OFFICIEL *DU 4 AVRIL* 1872.

ANNEXE N° 1002.

(Séance du 18 mars 1872.)

Proposition de loi relative à la libération complète du territoire (urgence déclarée), présentée par MM. Philippoteaux, Gailly, Toupet des Vignes, Chanzy, membres de l'Assemblée nationale.

Messieurs, il est urgent d'assurer la libération complète du territoire par le payement de l'indemnité de guerre à la Prusse.

Chaque Français comprend que les désastres de la patrie lui imposent un sacrifice, et il est juste que pour payer sa part de la dette commune, chacun abandonne une partie de ce qu'il possède.

L'immense mouvement national qui s'est produit sous forme de souscriptions patriotiques prouve que la libération du sol est le vœu de la France entière; mais pour faire produire à un élan généreux des résultats suffisants et surtout équitables, la générosité individuelle ne suffit pas, il est indispensable qu'une loi détermine la part de chacun.

Or, en demandant à la fortune privée de toute la France un sacrifice national unique de 2 à 3 pour 100, il serait facile d'atteindre le chiffre de 4 milliards environ, de payer ainsi la rançon de la France à la Prusse, d'indemniser les victimes de la guerre, de supprimer ou d'éviter d'établir certains impôts injustes et vexatoires, et d'épargner à l'avenir d'inextricables difficultés financières en rendant enfin possible l'équilibre de nos futurs budgets.

En face d'un pareil but à atteindre, on doit compter sur le patriotisme de tous pour faire un sacrifice qui ne se renouvellerait pas, et pour accueillir une taxe qui serait la réglementation équitable et égale de sacrifices volontairement offerts.

En conséquence, les soussignés proposent à l'Assemblée nationale d'adopter le projet de loi suivant :

Art. 1er. Une taxe nationale extraordinaire de 2 1/2 pour 100 est établie sur la valeur en capital de tous les biens meubles et immeubles, sans exception, existant en France ou appartenant aux citoyens français, en quelque lieu qu'ils soient situés.

Le montant de cette taxe est destiné à parfaire le payement des indemnités de guerre à la Prusse et les dédommagements promis aux victimes de la guerre.

Art. 2. Un délai de cinq années, selon le mode et les conditions ci-après, est accordé pour le payement de cette taxe, qui sera établie d'après les bases suivantes :

La valeur des immeubles sera calculée sur le prix des baux enregistrés qui seront considérés comme devant produire (contributions déduites) un revenu, savoir :

— De 4 pour 100 pour les propriétés foncières non bâties et bâtiments ruraux ;

— De 6 pour 100 pour les maisons d'habitation ;

— De 10 pour 100 pour les immeubles ayant une destination commerciale ou industrielle.

Quand ces divers immeubles seront occupés ou exploités par le propriétaire, leur valeur taxable sera déterminée d'après le revenu réel porté aux matrices cadastrales.

Sera déduite de la valeur des immeubles l'importance des dettes dont ils seront grevés au jour de la promulgation de la loi.

Art. 3. Toutes les valeurs cotées à la Bourse, y compris les rentes sur l'État, seront estimées au cours moyen des quatre dernières années. Celles qui seraient admises à la cote depuis moins de quatre ans seront comptées au cours moyen depuis le jour de leur admission.

Toutes les actions, obligations ou parts d'intérêts dans les Compagnies ou Sociétés anonymes ou en commandite, de crédit, de commerce ou d'industrie, non cotées à la Bourse, mais résultant d'actes enregistrés, seront comptées pour la part du capital qu'elles représentent dans lesdites associations.

L'impôt sur ces diverses valeurs sera payé directement par les caisses qui font le payement des arrérages, intérêts ou dividendes.

Quant aux créances hypothécaires ou aux créances privilégiées sur des immeubles, le propriétaire des immeubles grevés fera l'avance de la totalité de la taxe ci-dessus d'après la valeur totale de sa propriété ; mais à chaque échéance, il retiendra, nonobstant toutes conventions contraires, la part de ladite taxe afférente à chacun de ses créanciers qu'il aura payée en leur acquit.

Art. 4. Pour atteindre tous les autres éléments de la fortune privée, sans exception, tels que créances, argent, mobilier, valeurs étrangères dont les intérêts ne sont pas payés en France, matériel industriel ou commercial, marchandises, etc., etc., il est enjoint à chaque citoyen français de faire à la mairie de son domicile une déclaration qui, en dehors des valeurs spécialement atteintes par les deux articles précédents, comprendra le surplus net de sa fortune, déduction faite des dettes et charges qui le grèvent.

Cette déclaration écrite, signée et affirmée sur l'honneur conforme à la vérité, sera remise à la mairie de chaque contribuable dans le délai de deux mois à partir de la promulgation de la loi.

Pour les personnes qui ne seraient pas majeures ou maîtresses de leurs biens, la déclaration sera faite par leurs tuteurs, administrateurs ou représentants légaux.

Il sera délivré un récépissé de chaque déclaration.

Art. 5. En cas d'usufruit, le partage de la taxe se fera par moitié entre le nu-propriétaire et l'usufruitier.

Art. 6. Ne sont soumis à aucune déclaration les citoyens qui ne figurent pas actuellement au rôle de l'une des quatre contributions directes.

Art. 7. A défaut de déclaration dans le délai ci-dessus, il y sera suppléé d'office par une commission composée du maire de chaque commune, de deux conseillers municipaux désignés par le conseil et des répartiteurs. Cette commission déterminera le chiffre pour lequel le non déclarant devra être taxé pour les portions de sa fortune comprises dans l'article 4 ci-dessus, et statuera ultérieurement sur la réclamation, s'il y a lieu.

En cas d'absence pour service public, la commission devra surseoir à statuer.

Art. 8. Aucune recherche ni investigation n'est autorisée à l'effet de constater l'insuffisance ou la fausseté de la déclaration imposée par l'article 4. Mais dans le cas où la preuve de la fausseté ou de l'insuffisance serait ultérieurement établie, par des documents émanés du contribuable et tombés entre les mains des agents du Trésor, le déclarant ou ses représentants seront, pendant 30 ans, passibles d'une amende égale à la moitié du capital dissimulé.

Art. 9. Pour se libérer dans le délai de cinq années, chaque contribuable devra souscrire des obligations échelonnées à des échéances successives qui produiront intérêt à 5 p. 100 et emporteront de plein droit privilége et hypothèque sur ses biens meubles et immeubles, à dater de la promulgation de la loi.

Ces obligations, dispensées de timbre et d'enregistrement, seront immédiatement remises au Trésor public, et il sera ouvert au ministre des finances le crédit nécessaire pour en opérer la négociation.

Toutefois, chaque contribuable est autorisé à se libérer par anticipation, mais seulement en numéraire, de la totalité ou de partie de sa taxe.

Seront imputables sur cette taxe, toutes les sommes versées dans les caisses publiques, à titre de souscription patriotique pour la libération du territoire.

Art. 10. Un règlement d'administration publique déterminera la forme des obligations à souscrire, en fixera les échéances, et réglera toutes les questions de détail que soulèvera l'application de la présente loi.

EXTRAIT DU *JOURNAL OFFICIEL* DU 8 AVRIL 1872.

ANNEXE N° 1001.

(Séance du 18 mars 1872.)

***PROPOSITION DE LOI** ayant pour objet d'acquitter nos engagements envers l'Allemagne et d'obtenir la délivrance du territoire (urgence déclarée), présentée par M. Joseph de Carayon La Tour, membre de l'Assemblée nationale.*

EXPOSÉ DES MOTIFS.

Messieurs, en vous soumettant cette proposition de loi, ma pensée est d'offrir un moyen de dégager notre situation financière, et de renoncer à la plus grande partie de ces impôts, dont la menace jette une légitime inquiétude dans le pays.

Les motifs qui m'ont décidé, malgré ma répugnance pour toutes les mesures en dehors des règles habituelles de nos institutions financières, m'ont été surtout inspirés par les divergences d'opinion qui existent entre le gouvernement et votre commission du budget, au sujet des impôts proposés et dont l'étude se poursuit encore en ce moment.

Non-seulement ces projets d'impôt ne constituent pas, à mes yeux, un ensemble de moyens susceptibles d'être acceptés par l'Assemblée, mais encore je redoute pour ma part, je l'avoue franchement, que l'insistance du Gouvernement ne nous détermine à voter les impôts sur les matières premières, dénoûment funeste, et que je considère d'avance comme un grand malheur pour le pays.

Mon but est celui-ci :

Obtenir immédiatement trois milliards de valeurs acceptables par la Prusse.

Pour arriver à ce résultat, je devais éviter de nombreux écueils.

1° En demandant à mes concitoyens un sacrifice important, mon désir était de ne pas jeter dans le pays un trouble et une gêne, dont la conséquence eût été de restreindre la dépense, de diminuer le travail des classes laborieuses, et de porter atteinte au commerce et à notre production industrielle.

2° En m'adressant au capital, je voulais respecter le plus possible le secret des fortunes, et je n'admettais aucune mesure inquisitoriale et vexatoire. J'ai toujours reconnu l'odieux des investigations, des recherches arbitraires et blessantes signalées par les honorables orateurs qui ont combattu l'impôt sur le revenu.

3° Enfin, il fallait présenter à la Prusse trois milliards en valeurs acceptables par elle, et il ne m'était pas permis de demander à mon pays, en une seule fois, et en espèces métalliques, une somme aussi importante.

Tel est le problème que j'avais à résoudre.

Par l'article 1er de ma proposition, je demande à chaque contribuable 2 p. 100 sur le montant de sa fortune, et par cette expression j'entends ce qu'il possède réellement, dégagé de ses dettes ou de ses obligations.

L'article 2 établit que cette contribution sera payée en dix annuités, moyennant intérêt à 5 p. 100, c'est-à-dire que le possesseur d'une fortune de 100,000 fr., par exemple, devra 2,000 fr., dont le payement sera réparti de la manière suivante : la première année, 200 fr., plus l'intérêt à 5 p. 100 sur 2,000 fr., soit 100 fr. ; en tout 300 fr. La deuxième année, 200 fr., plus l'intérêt à 5 p. 100 sur 1,800 fr., soit 90 fr.; en tout 290 fr.

Ainsi de suite, et la dernière année 200 fr., plus l'intérêt à 5 p. 100 sur 200 fr., soit 10 fr. ; en tout 210 fr.

Toutefois, chaque contribuable aura la liberté de se libérer par des payements anticipés, à l'époque qui sera le plus à sa convenance dans le courant des dix années.

Ainsi, pour satisfaire à cette loi, le possesseur d'une fortune de 100,000 fr. payera soit immédiatement, 2,000 fr., soit pendant dix ans une annuité de 255 fr. en moyenne.

En supposant 100,000 fr. placés dans les conditions les plus désavantageuses, le sacrifice est dans tous les cas supportable et ne peut pas porter un trouble réel dans les fortunes particulières.

La méthode que j'adopte pour fixer la valeur de la fortune immobilière me semble à l'abri de critiques sérieuses, puisqu'elle a pour base l'impôt foncier ou le cadastre, modes de répartition déjà acceptés par le pays.

Cette évaluation de la fortune immobilière sera certainement au-dessous de la valeur réelle, mais je crois agir ainsi avec justice, par la double raison que la propriété foncière supporte déjà des charges très-lourdes et que son revenu, essentiellement variable, est inférieur à celui de tous autres placements.

Pour la vente et les valeurs de toute nature cotées à la Bourse, le capital sera établi suivant les cours d'une date antérieure au jour du dépôt de ma proposition, et pour saisir les 2 p. 100, je m'adresserai aux administrations et je leur dirai : Vos valeurs au cours de tel jour représentent un capital de.... Vous devez 2 p. 100 sur cette somme, vous les payerez en dix annuités avec intérêt à 5 p. 100, et vous ferez tous les ans à vos actionnaires une retenue équivalente

Quant à la troisième partie de la fortune privée, c'est-à-dire les capitaux de toute nature placés ou engagés et dont la valeur n'est pas publiquement connue, j'accepte, sans contrôle, la déclaration des particuliers.

Nous devons ici prévoir les fausses déclarations, mais vous remarquerez cependant que les fraudes qui pourront se produire seront limitées, car vous vous adresserez particulièrement dans cette circonstance à des commerçants et à des industriels, dont l'intérêt, pour conserver leur crédit, n'est pas de diminuer outre mesure le chiffre de leur fortune, et après tout, je vous le demande, Messieurs, dans un acte qui a pour but la délivrance de notre pays, ne devons-nous pas compter sur le patriotisme de nos concitoyens? Et quand même notre confiance serait exagérée, en appelant ainsi tous les Français, sans exception, et tous ceux qui possèdent en France, à la participation de cette grande œuvre réparatrice, cette contribution extraordinaire, nous avons le droit de l'espérer, produira une somme qu'il est permis d'évaluer à plus de trois milliards.

En supposant que ce chiffre soit atteint, l'État français contractera un emprunt de trois milliards, rapportant 6 p. 100 d'intérêt, payable en valeurs acceptées par la Prusse, remboursable en dix annuités avec prime de 5 p. 100.

Vous pouvez voir le fonctionnement de ce double projet par le tableau ci-contre :

APPLICATION DU PROJET DE LOI, EN SUPPOSANT QUE LA

Emprunt de 3 milliards rapportant 6 p. 100 intérêts, payable en
avec prime

*Tableau comparatif entre la recette (produit de la contribution
intérêts et*

	RECETTE.
1re année	300.000.000
Intérêt	150.000.000
	450.000.000
2e année	300.000.000
Intérêt	135.000.000
	435.000.000
3e année	300.000.000
Intérêt	120.000.000
	420.000.000
4e année	300.000.000
Intérêt	105.000.000
	405.000.000
5e année	300.000.000
Intérêt	90.000.000
	390.000.000
6e année	300.000.000
Intérêt	75.000.000
	375.000.000
7e année	300.000.000
Intérêt	60.000.000
	360.000.000
8e année	300.000.000
Intérêt	45.000.000
	345.000.000
9e année	300.000.000
Intérêt	30.000.000
	330.000.000
10e année	300.000.000
Intérêt	15.000.000
	315.000.000

Total des différences..............

CONTRIBUTION EXTRAORDINAIRE AIT PRODUIT 3 MILLIARDS.

valeurs acceptées par la Prusse. Remboursable en dix annuités de 5 p. 100.

extraordinaire) *et la dépense* (*remboursement des annuités, primes*).

	DÉPENSE.	DIFFÉRENCE.
	300.000.000	
	180.000.000	
Prime............	15.000.000	
	495.000.000	45.000.000
	300.000.000	
	162.000.000	
Prime............	15.000.000	
	477.000.000	42.000.000
	300.000.000	
	144.000.000	
Prime............	15.000.000	
	459.000.000	39.000.000
	300.000.000	
	126.000.000	
Prime............	15.000.000	
	441.000.000	36.000.000
	300.000.000	
	108.000.000	
Prime............	15.000.000	
	423.000.000	33.000.000
	300.000.000	
	90.000.000	
Prime............	15.000.000	
	405.000.000	30.000.000
	300.000.000	
	72 000.000	
Prime.......... .	15.000.000	
	387.000.000	27.000.000
	300.000.000	
	54.000.000	
Prime............	15.000.000	
	369.000.000	24.000.000
	300.000.000	
	36.000.000	
Prime............	15.000 000	
	351.000.000	21.000.000
	300.000.000	
	18.000 000	
Prime............	15.000 000	
	333.000.000	18.000.000
....		315 000.000

PRODUIT DE L'EMPRUNT.		La France aura à payer en espèces métalliques.	Différence entre la recette et la dépense.
1re année.......	6.50 0/0	495.000.000	45.000.000
2e année.......	6.55 0/0	477.000.000	42.000.000
3e année.......	6.62 0/0	459.000.000	39.000.000
4e année.......	6.71 0/0	441.000.000	36.000.000
5e année.......	6.83 0/0	423.000.000	33.009.000
6e année.......	7 0/0	405.000.000	30.000.000
7e année.......	7.25 0/0	387.000.000	27.000.000
8e année.......	7.66 0/0	369.000.000	24.000.000
9e année.......	8.50 0/0	351.000.000	21.000.000
10e année.......	11 0/0	333.000.000	18.000.000
			315.000.000

Cet emprunt se présentera dans des conditions exceptionnellement avantageuses. Il aura d'abord pour garantie, outre le crédit naturel de la France, la somme de remboursements faits à l'avance ; de plus son produit sera de 6,50 p. 100 la première année, puis de 6,55, 6,62, et enfin les dernières années 7,75, 8,50 et 11 p. 100.

Il me paraît difficile qu'un appel de cette nature ne soit pas entendu à l'étranger comme en France, et je suis convaincu que la Prusse elle-même, gardienne intelligente de ses intérêts, deviendra notre principal prêteur.

Enfin, Messieurs, la France, pour rembourser les annuités, intérêts et primes, devra payer en espèces métalliques la première année 495 millions, la deuxième année, 477 millions, et la dixième 333 millions. Mais, par le fait, la différence entre la recette et la dépense sera, la première année, de 45 millions, la deuxième année de 42 millions, et enfin, la dixième année, de 18 millions.

Tel est l'exposé rapide de mon projet. Je vous le soumets avec confiance, et je recevrai avec reconnaissance les amendements qui pourront l'améliorer et le rendre plus acceptable par le pays.

Bien que ma proposition frappe le capital, je vous supplie, Messieurs, de ne pas me soupçonner d'être un révolutionnaire, car, au contraire, je suis royaliste. Mon guide est l'amour de mon pays, mon objectif son salut.

Signé : J. de Carayon La Tour,

Député de la Gironde à l'Assemblée nationale.

EXTRAIT DU *JOURNAL OFFICIEL* DU 12 AVRIL 1872.

ANNEXE N° 1012.

(Séance du 12 mars 1872.)

PROPOSITION DE LOI pour la libération du territoire, présentée par MM. le colonel Denfert-Rochereau, Scheurer-Kestner, Flye Sainte-Marie, Jozon, membres de l'Assemblée nationale.

Considérant qu'on ne saurait trop hâter le moment où la France sera libérée de l'occupation étrangère ;

Qu'il convient donc de déterminer immédiatement le moyen le plus juste et le plus sûr pour réaliser le payement de la rançon nationale ;

Considérant que chacun doit, dans la moyenne de ses forces, contribuer à l'acquittement de cette dette et à l'accomplissement de ce devoir ;

Qu'en dehors de ce sacrifice général recommandé à tant de titres, tous autres moyens de libération et de payement n'auraient pour résultat que de fournir des ressources incomplètes et de répartir inégalement les charges entre les citoyens ;

Qu'une taxe de guerre exceptionnelle répond seule aux nécessités morales et politiques de la situation accidentelle où se trouve la France,

Les soussignés, membres de l'Assemblée nationale, proposent le projet de loi suivant :

Art. 1er. La somme de 3 milliards 500 millions de francs, nécessaire pour couvrir les dépenses de l'occupation étrangère et assurer l'entière libération du territoire par le payement intégral de l'indemnité due à l'Allemagne en exécution des traités des 25 février et 10 mai 1871, sera prélevée sur le capital national à titre de taxe de libération.

Art. 2. Il sera, à cet effet, immédiatement procédé à une statistique du capital national, d'après les bases et suivant les formes indiquées aux articles 3, 4 et 5 ci-après.

Art. 3. Les rentes de l'État de toute nature, les obligations trentenaires, les titres d'emprunt des départements et communes, et les actions et obligations de toutes les sociétés françaises qui se négocient à la Bourse de Paris, seront capitalisés d'après leur cours moyen à cette Bourse au 1er mars 1872.

Les titres d'emprunt des départements et communes et les actions et obligations des sociétés françaises qui ne se négocient pas à la Bourse de Paris, seront capitalisés d'après la valeur qui leur est attribuée dans les derniers actes de cession de titres enregistrés.

Les préfets des départements, les maires des communes, et les gérants ou administrateurs des diverses sociétés mentionnées aux paragraphes précédents, seront tenus de fournir à l'administration des finances les renseignements nécessaires pour la capitalisation des titres respectifs des départements, communes et sociétés. Ils se conformeront aux avis qui seront publiés à cet effet par le ministre des finances.

Art. 4. Dans le délai de quarante jours à partir de la promulgation de la présente loi, tous les citoyens majeurs et les mineurs en jouissance de biens représentés par leurs tuteurs, feront, soit au maire de leur commune, qui la transmettra au contrôleur des contributions directes, soit directement à ce contrôleur, la déclaration du capital mobilier (meubles, marchandises, créances chirographaires, etc...) dont ils se reconnaissent possesseurs.

Cette déclaration, qui ne tiendra compte ni des titres de rente sur l'État, ni des titres d'emprunt des communes, ni des actions et obligations des sociétés françaises en la possession du déclarant, et qui ne doit représenter que le surplus de son capital net, toutes charges autres que ses dettes hypothécaires déduites, sera exprimée en un seul nombre entier de francs. Elle sera acceptée sans contrôle, sur l'affirmation du contribuable.

Si, dans un délai de dix ans, à dater du jour d'une déclaration, il était démontré par des actes réguliers de cession, de partage, d'inventaire ou autres, que le capital déclaré a été inférieur à ce qu'il eût dû être, il sera alors opéré sur le capital excédant la déclaration un prélèvement double de celui qui aurait eu lieu s'il eût été déclaré. Le produit de ce prélèvement sera réparti par moitié entre l'État et la commune du domicile du contribuable.

Un tableau général des natures des titres, dont les possesseurs n'auront pas à comprendre la valeur dans la déclaration mentionnée aux paragraphes précédents, sera déposé chez tous les percepteurs des contributions directes et aux mairies de tous les chefs-lieux de canton, où il sera tenu à la disposition de toute personne qui voudra le consulter.

Art. 5. Des commissions cantonales formées du conseiller général du canton, président, du ou des conseillers d'arrondissement, du ou des contrôleurs des contributions directes, du ou des percepteurs des contributions directes, du receveur de l'enregistrement et d'un notaire du canton désigné par le juge de paix, établiront la valeur en capital des immeubles du canton en prenant pour base :

1° Pour les immeubles entièrement loués, les prix réels de location, tels qu'ils résultent des baux enregistrés et des déclarations faites en exécution de la loi du 23 août 1871 ;

2° Pour les immeubles occupés ou exploités en tout ou en partie par les propriétaires, leur comparaison avec les immeubles de même nature affermés dans la même commune. Les contributions directes de toute nature payées par ces immeubles en 1872 seront regardées comme étant dans leur ensemble proportionnelles à leurs loyers respectifs, ce qui permettra de déduire du ou des prix de location connus les prix de location à évaluer. Cette manière d'opérer pourra être appliquée à l'ensemble d'un immeuble seulement en partie occupé ou exploité par le propriétaire, lorsqu'il sera impossible d'établir isolément d'après le rôle des contributions et la matrice cadastrale la quotité des impôts afférents à la partie louée et à la partie occupée par le propriétaire.

Les prix de location multipliés par 25 donneront la valeur en capital de l'immeuble correspondant.

Les statistiques dressées par les commissions cantonales ne devront comprendre ni les immeubles appartenant à l'État, ni les immeubles des Sociétés françaises constituées par actions et obligations, ces derniers immeubles étant compris déjà dans le capital actions et obligations de ces Sociétés, déterminé d'après les règles posées à l'art. 3 ci-dessus. Toutefois les commissions cantonales devront comprendre dans leurs statistiques les créances hypothécaires, distinctes des obligations spécifiées à l'art. 3, qui pourraient grever les immeubles précités.

Les parties intéressées auront dix jours à partir de la notification de la décision de la commission cantonale pour se pourvoir devant le conseil de préfecture du département, qui statuera en dernier ressort dans le délai d'un mois. Les pourvois seront reçus et jugés suivant les règles usitées en matière de contributions.

Art. 6. Aussitôt après la réunion et la vérification par le ministre des finances des renseignements statistiques établis en exécution des articles précédents, un décret du Président de la République fera connaître l'estimation générale du capital national, en indiquant séparément l'évaluation totale des trois natures de capitaux spécifiés aux articles 3, 4 et 5 ci-dessus, et fixera le prélèvement à effectuer au marc le franc à titre de taxe de libération, pour obtenir la somme totale de trois milliards cinq cents millions de francs.

Art. 7. Les taxes de libération seront payées en dix annuités égales, la première en 1872 et la dernière en 1881. Ces annuités seront calculées de manière à comprendre l'amortissement des taxes en capital et intérêts à 5 0/0 à partir du 1er mai 1872.

Art. 8. Les porteurs de titres de rente sur l'État et d'obligations trentenaires acquitteront l'annuité de 1872 au moyen d'une retenue égale sur les coupons de l'année restant à payer au moment de la promulgation de la présente loi. Ils acquitteront sur chacun des coupons des années suivantes une part égale de l'annuité correspondante.

Les départements, les communes et les Sociétés françaises dont le capital est constitué par actions et obligations, verseront directement chaque année au Trésor public, à l'époque du payement des coupons de leurs titres, l'annuité ou la part d'annuité correspondante. En cas de liquidation de ces Sociétés, les annuités restant dues deviendront immédiatement exigibles. Il sera seulement tenu compte des intérêts non échus pour les annuités, qui se trouveront ainsi payées par anticipation.

Art. 9. Les annuités dues sur les capitaux déclarés en exécution de l'article 4 et sur les capitaux déterminés en exécution de l'article 5 de la présente loi, seront payées en 1872 par sixièmes dans chacun des six derniers mois de l'année, et les années suivantes par douzièmes, de la même manière que les contributions directes.

Les créanciers hypothécaires supporteront une part des taxes des immeubles hypothéqués proportionnelle au montant de leurs créances. Les conservateurs des hypothèques délivreront gratis aux propriétaires d'immeubles les certificats qu'ils réclameront pour établir la valeur des hypothèques dont ils sont grevés, et par suite la portion des taxes afférentes à leurs immeubles qui devra être mise à la charge de leurs créanciers.

Art. 18. Les contribuables auront la faculté de se libérer par des versements anticipés, à l'époque qui sera le plus à leur convenance, dans le courant des dix années. Il leur sera tenu compte, dans ce cas, des intérêts non échus compris dans les annuités payées par anticipation.

Art. 11. Les sommes versées par les contribuables aux souscriptions ouvertes pour la libération du territoire viendront en déduction de leurs taxes de libération.

Ces souscriptions seront closes dans le délai de dix jours, et les comités détenteurs des fonds en provenant verseront les sommes recueillies au trésor public dans le délai de vingt jours à partir de la promulgation de la présente loi. Ces comités remettront en même temps à l'administration des finances tous les renseignements qu'ils possèdent sur les noms, prénoms et domiciles des souscripteurs.

Les souscripteurs pourront réclamer dans le délai de dix jours, à partir de la notification des taxes frappant leurs capitaux déclarés, immeubles et créances hypothécaires (articles 4 et 5 de la présente loi), le remboursement de la partie de leurs souscriptions excédant le montant total de ces taxes.

Les excédants de souscriptions qui n'auraient pas

été réclamés en vertu du paragraphe précédent, et les produits des souscriptions anonymes et des quêtes, seront appliqués à l'allégement des charges pesant sur les communes où ils auront été respectivement recueillis. Cet allégement sera opéré de manière à diminuer d'une quantité égale, ce qui pourra entraîner l'extinction des plus faibles, la taxe totale de chaque contribuable sur les capitaux déclarés et constatés dans la commune en exécution des articles 4 et 5 ci-dessus.

Art. 12. L'État aura pour le recouvrement des sommes dues en payement de la taxe de libération les mêmes priviléges que pour les contributions directes.

Art. 13. Aucune remise ne sera faite aux agents du Trésor chargés de la perception des taxes imposées par la présente loi. Ils n'auront droit qu'au remboursement des frais matériels auxquels elle donnerait lieu.

Art. 14. Le ministre des finances remettra à l'Assemblée nationale un état résumant, pour la dette de l'État par nature de rente, et d'une manière générale par département, commune et société, la valeur capitale des actions, obligations et emprunts, et un état résumant par commune les valeurs mobilières déclarées, les valeurs immobilières et les créances hypothécaires ayant servi à obtenir l'estimation générale du capital national et à déterminer le prélèvement à faire au marc le franc, en exécution de l'article 6 de la présente loi.

DENFERT-ROCHEREAU.

TABLE.

NOTES.

PARIS. — TYPOGRAPHIE DE HENRI PLON, RUE GARANCIÈRE, 8.

DU MÊME

La Liberté sans licence. Brochure in-8. .... 1 fr. »

Des indemnités aux victimes de la guerre (invasion et émeute), avec l'impôt simplifié considéré comme prime d'assurances, suppression des emprunts de la dette publique. Brochure in-8..... 1 fr. »

Librairie GUILLAUMIN & Cie,

Rue Richelieu, 14

OUVRAGES SUR LES FINANCES — LES IMPOTS

D'Audiffret. Système financier de la France. 5 vol. in-8. 37 fr. 50

Boiteau. Fortune publique et finances de la France. 2 vol. in-8.............................. 15 fr. »

De Parieu. Traité des Impôts. 4 vol. in-8....... 30 fr. »

Du Puynode. De la Monnaie, du Crédit et de l'Impôt. 2 vol. in-8.......................... 15 fr. »

Clamageran. Histoire de l'Impôt en France. 1er et 2e vol.............................. 15 fr. »

Lecouppey. De l'Impôt foncier. 1 vol. in-8...... 5 fr. »

Serres. L'Impôt unique. Brochure in-8......... » fr. 50

De Géraci. Le Droit du contribuable et la Dette publique. Brochure in-4................. 3 fr. »

Ott. Les Impôts en France. Traité à l'usage des contribuables. 1 vol. in-8................ 5 fr. »

Vauthier. L'Impôt progressif. Brochure in-8.... 2 fr. »

Foubert. De l'Impôt sur les valeurs mobilières. Brochure in-8........................ 2 fr. »

Les Cinq milliards prussiens. Discussion à la Société d'Économie politique. In-8.......... 1 fr. »

Courtois. Les Finances de la France. In-8....... 2 fr. »

Garnier (Joseph). Traité de finances. 1 vol in-18, 4e édit. 1 vol. in-8....................... 7 fr. 50

Vignes. Traité des Impôts en France. 2 vol. grand in-8. 4e édit.............................. 15 fr. »

Davesiès Impôts sur les rentes. Brochure in-8... » fr. 50

P. [illegible] . 8.

www.ingramcontent.com/pod-product-compliance
Ingram Content Group UK Ltd.
Pitfield, Milton Keynes, MK11 3LW, UK
UKHW020121200726
13856UKWH00002B/661